Alain Stephen

Philosophie mal einfach
Alles, was man wissen muss

Alain Stephen

PHILOSOPHIE
MAL EINFACH

Alles, was man wissen muss

Aus dem Englischen von
Hubert Mania

Anaconda

Titel der englischen Originalausgabe:
Philosophy for Busy People. Everything you need to know
First published in Great Britain in 2019 by Michael O'Mara Books Limited, London.

Verlagsgruppe Random House FSC® N001967

Die Deutsche Nationalbibliothek verzeichnet diese Publikation in der
Deutschen Nationalbibliografie; detaillierte bibliografische Daten sind im
Internet unter http://dnb.d-nb.de abrufbar.

Lizenzausgabe mit freundlicher Genehmigung
© dieser Ausgabe 2020 by Anaconda Verlag,
einem Unternehmen der Verlagsgruppe Random House GmbH,
Neumarkter Straße 28, 81673 München
Alle Rechte vorbehalten.
Umschlagmotiv: shutterstock / painterr
Umschlaggestaltung: www.katjaholst.de
Satz und Layout: Achim Münster, Overath
Druck und Bindung: CPI Books GmbH, Leck
Printed in Czech Republic
ISBN 978-3-7306-0834-0
www.randomhouse.de

INHALT

Die Wahrheit ist von dieser Welt, in dieser wird sie aufgrund vielfältiger Zwänge produziert, verfügt sie über geregelte Machtwirkungen. Jede Gesellschaft hat ihre eigene Ordnung der Wahrheit: d. h. sie akzeptiert bestimmte Diskurse, die sie als wahre Diskurse funktionieren lässt; es gibt Mechanismen und Instanzen, die eine Unterscheidung von wahren und falschen Aussagen ermöglichen und den Modus festlegen, in dem die einen oder anderen sanktioniert werden; es gibt bevorzugte Techniken und Verfahren zur Wahrheitsfindung; es gibt einen Status für jene, die darüber zu befinden haben, was wahr ist und was nicht.

MICHEL FOUCAULT (1977)

Einleitung

AUF DER SUCHE NACH DER WAHRHEIT

Heutzutage rauscht das Leben manchmal unfassbar schnell an uns vorbei. Umso wichtiger ist es daher, uns Zeit zur Besinnung zu nehmen und um über unsere Vorstellungen nachzudenken. Sokrates (469–399 v. Chr.) soll über das Orakel gesagt haben: »Unter euch, ihr Menschen, ist der der Weiseste, der wie Sokrates einsieht, dass er in der Tat nichts wert ist, was die Weisheit anbelangt«. Mit anderen Worten: Menschen, die anerkennen, dass sie eigentlich nichts wissen, sind wirklich weise. Nicht etwa, weil sie einer höheren Weisheit anhängen als andere Sterbliche, sondern weil sie wissen, dass dies nicht der Fall ist. Die Suche nach der Wahrheit und die Formulierung von Fragen sind der wahre Zweck der Philosophie. Für manchen Hobbyphilosophen klingt der Titel des Buches womöglich wie ein Widerspruch in sich. »Philosophie« *und* »Einfachheit«. Die Philosophie ist ihrem Wesen nach ein aktives, »wohlüberlegtes« Streben nach Wissen. Und was sagten die Alten dazu?

- Aristoteles (384–322 v. Chr.) stellte den Begriff der Muße in den Vordergrund. Nur die Weisen, Platons »Philosophenkönige«, waren würdig, Entscheidungen zu treffen und ein tugendhaftes Leben zu führen.

- Diese »Wächter«, wie Platon (ca. 428–347 v. Chr.) sie in *Der Staat* (ca. 380 v. Chr.) nannte, mussten jedenfalls nicht schwer arbeiten. Man erwartete von ihnen nicht, dass sie überhaupt arbeiteten. Es muss großartig gewesen sein, am Lyzeum (der 344 v. Chr. eingerichteten öffentlichen Lehrstätte des Aristoteles) entlang zu flanieren, die Länge der Bärte zu vergleichen und sich den Kopf über die Bedeutung all dieser Dinge zu zerbrechen.

Haben also viel beschäftige Menschen heutzutage überhaupt Zeit für die Philosophie? Wie oft hören Sie, dass sich die Leute darüber beklagen, der Tag habe nicht genug Stunden?

»Das unerforschte Leben ist nicht lebenswert.«

SOKRATES

Der Ursprung des Wortes »Philosophie« stammt, was kaum verwunderlich ist, aus dem Altgriechischen. Der Wortstamm *philo* bedeutet ›liebend‹ oder ›neigen zu / sich sorgen um‹, während *sophos* ›weise‹ oder ›Weisheit‹ bedeutet. Ein Philosoph ist daher jemand, der Weisheit und Wissen liebt und schätzt, während die gängige Lexikondefinition Philosophie als »das Studium der grundlegenden Beschaffenheit von Wissen, Wirklichkeit und Existenz« bezeichnet. Das heißt, man bemüht sich herauszufinden: Wer sind wir und warum sind wir hier?

Ein angemessenes Ziel, aber wo fängt man an? Viele Tausend Jahre menschlichen Denkens warten darauf, durchforstet zu werden. Unterschiedliche und widersprüchliche Vorstellungen und Konzepte sind es, die darauf ausgerichtet sind, grundlegende Wahrheiten über unser Dasein als fühlende Wesen festzustellen. Aber wenn es, wie ich vorschlage, in der Philosophie darum geht, die Wahrheit zu ergründen, müssen wir uns fragen, wie wir sie finden können und wo wir mit unserer Suche beginnen sollen.

Dieses Buch soll Ihre Einführung in die Philosophie sein – eine leicht verdauliche, thematisch gegliederte Erforschung der Schlüsselbegriffe und Wissensgebiete, die grundsätzlich zum menschlichen Leben und Denken gehören. Stellen Sie sich das Buch als ein köstliches Menü vor: vorzügliche philosophische Häppchen, serviert auf kleinen Tellern.

Die Philosophie des Glücks (siehe Kapitel 1) ist ein schönes erstes Thema. Platon behauptete, Glück sei das höchste Ziel des Daseins, weshalb er seinen Begriff *Eudaimonia* (Eudämonie) prägte, den er in dem antiken griechischen Lexikon *Definitionen* (griechisch: Horoi) beschreibt als das aus allem

Guten bestehende Gute, eine Fähigkeit, die genügt, um gut zu leben; Perfektion im Hinblick auf Tugend; genügend Mittel für ein Lebewesen«. Doch Platons Zeitgenosse Aristoteles weist auf folgenden Sachverhalt hin: Während man sagt, der Wunsch, gut zu leben, verstehe sich von selbst – niemand würde bei vollem Verstand gern schlecht leben oder ein unglückliches Leben führen wollen – gehe es eigentlich darum, genau zu benennen, worauf man sich konzentrieren und wie man handeln sollte, um gut zu leben und das Glück zu finden.

Deshalb führt uns die Philosophie des Glücks ins antike Griechenland, anschließend nach China und Indien, bevor wir ein paar Tausend Jahre nach vorn springen, um uns Dänemark anzusehen, »das glücklichste Land« der Welt. Es ist nicht verwunderlich, dass dieselben Dinge, die schon die Alten beunruhigten und verblüfften, noch heute wichtige Anhaltspunkte bei unserer Suche nach Wohlergehen sind. Und ein Schwerpunktthema beim Streben nach *Eudaimonia* ist die Frage, inwiefern unser persönliches Streben nach Glück sich auf unsere Mitmenschen, das Gemeinwesen und auf die Welt im Allgemeinen auswirkt.

Das zweite Kapitel, Die Philosophie der Ethik und Moral, befasst sich eingehend mit den Begriffen »richtig« und »falsch«. Das deutsche Wort Wahrheit leitet sich aus dem indogermanischen Wurzelnomen »wēr« ab und hat in seiner Beugungsform zwei Bedeutungen: entweder die Eigenschaft der Ehrlichkeit, Treue und Loyalität (daher die Vorstellung, »sich selbst treu zu bleiben«) oder etwas – ein Gegenstand oder Konzept, egal ob materiell oder imaginär – das beständig und unveränderlich ist. Der heilige Thomas von Aquin (1225–1274) geht noch einen Schritt weiter und behauptet, die Wahrheit sei »die Übereinstimmung von Gegenstand und Verstand«. Wenn wir daher den Informationen trauen, die wir durch unsere sinnlichen Wahrnehmungen empfangen und sie in unserem Verstand weder leugnen noch verzerren, gelangen wir zur »Korrespondenztheorie der Wahrheit«. Salopp gesagt, wenn Sie einen Hammer nehmen und jemandem damit auf den Kopf schlagen, ist das Ergebnis offensichtlich.

Die Wissenschaftsphilosophie (Kapitel 3) ist ein Schwerpunktthema. Hier stimmt die Wahrheit mit unserer Wahrnehmung von Gegenständen und Vorstellungen überein. In der Menschheitsgeschichte gibt es unzählige Beispiele für Dinge, die Leute für wissenschaftliche Wahrheit gehalten haben und die sich anschließend als falsch erwiesen haben. Wie also reagieren wir auf die »Wahrheitstheorie« des heiligen Thomas, wenn das, was in einer Epoche als wahr gilt, es in der nächsten nicht mehr ist? Wie definieren wir konkrete Tatsachen hinsichtlich des Universums und allem, was es enthält? Außerdem haben Kommentatoren zunehmend auf die Verwässerung der Wahrheit durch Meinungen hingewiesen. Da werden Tatsachen zugunsten von Meinungen verdreht und umgekehrt Meinungen als Tatsachen dargestellt.

Kapitel 4 schaut mit der Philosophie der Politik und Macht auf die Strukturen und Mechanismen, mit deren Hilfe die Gesellschaftsorganisation danach strebt, *Eudaimonia* im aristotelischen Sinn zu erreichen oder zumindest den Schein davon aufrechtzuerhalten. Der französische Philosoph Michel Foucault (1926–1984) erklärt: »Jede Gesellschaft hat ihr Wahrheitsregime«. Weiterhin empfiehlt er, es sei die eigentliche Pflicht der Philosophen, »die Mechanismen und Instanzen, die eine Unterscheidung von wahren und falschen Aussagen ermöglichen«, aufzudecken. Im aktuellen politischen und gesellschaftlichen Klima ist dies zunehmend schwieriger geworden, denn offenbar leben wir in einem Zeitalter, in dem die Suche nach einer überzeugenden Ausdrucksform der Wahrheit im historischen und authentischen Sinn dazu geführt hat, plausible Wege zu finden, *nicht* die Wahrheit zu sagen, sondern stattdessen die Art und Weise, wie Informationen dargestellt werden, zu kaschieren und zu verwischen (aber das ist lediglich eine Meinung, keine »Tatsache«). Für Foucault ist Macht »überall« – verborgen in Institutionen und Diskursen.

Die Religionsphilosophie (Kapitel 5) ist sowohl in historischer als auch in zeitgenössischer Hinsicht faszinierend, weil sie die aktuellen Debatten über die Lehre des Kreationismus oder »intelligenten Designs« in amerikanischen Schulen befördert. Insofern ist es auch ratsam, sich anzuschauen, wie überzeugend die Tugenden »Ehrlichkeit, Treue und Loyalität« gefördert werden.

In Kapitel 6 untersuchen wir mit der Sprachphilosophie, wie Wörter gebraucht werden. Wie lässt sich Bedeutung vermitteln, erfahren und verzerren? Angeblich leben wir ja im Zeitalter des »Postfaktischen«, das der aus Afrika stammende Philosoph A. C. Grayling (geb. 1949) als ein kulturelles Phänomen definiert, das »Meinungen höher schätzt als Tatsachen«. Urteile werden aufgrund von Gefühlen und Emotionen gefällt im Gegensatz zu konkreten, unbestreitbaren Tatsachen. Die Suche nach der Wahrheit geht weiter.

Und damit kommen wir zu den letzten zwei Kapitel, in denen es um die Philosophie der Liebe geht, was, wie ich anfangs hoffte, den Kurztrip durch die Geschichte des Denkens erfreulich ausklingen ließe. Leider haben die düsteren Gedankenspiele Jean Paul Sartres (1905–1980) und Friedrich Nietzsches (1844–1900) diesen Plan zunichte gemacht, und so beenden wir das Buch mit der Philosophie der Zukunft, einer verallgemeinerten Diskussion über zeitgenössisches Denken. Obendrein stellen wir uns vor, wie die Zukunft der Philosophie aussehen könnte.

Wie geht man mit Hegel um?

Das Werk von Georg Wilhelm Friedrich Hegel (1779–1831) wird vermutlich einiges Stirnrunzeln auslösen. Sein Streben nach absolutem Realismus und seine dialektische Methode sind bekanntermaßen kompliziert, da sie sich auf der Suche nach der Synthese oder der höheren Wahrheit mit Gegensätzen und Widersprüchen beschäftigen (These und Antithese). Hegel ist schwer – wirklich schwer – zu verstehen und keine Lektüre, die man zum Vergnügen liest. Eine geläufige Kritik an seinem Werk zielt darauf ab, dass er häufig voraussetzt, die Leser hätten fundierte Grundkenntnisse der Geschichte des philosophischen Denkens. Außerdem ist sein Stil nicht gerade klar und prägnant, also eher ungeeignet für Leute, die nicht viel Zeit haben. Obwohl er fraglos die analytische Philosophie beeinflusst hat, wird ein Gelegenheitsleser mit Paul Feyerabends *Wider den Methodenzwang* oder mit Nietzsches unterhaltsamen Aphorismen in *Menschliches, Allzumenschliches* besser zum Nachdenken angeregt werden und viel mehr Spaß haben. Wenn Sie neugierig sind, versuchen Sie es mit Hegel, aber ich habe Sie gewarnt …

1

Alles Wissenswerte über die

DIE PHILOSOPHIE DES GLÜCKS

Seit dem 5. Jahrhundert vor Christus haben Philosophen über das Glück nachgedacht, wie zum Beispiel darüber, was Glück bedeutet und wie wir es erreichen können. Des Weiteren möchten wir wissen, wann wir wirklich glücklich sind. Die Vorstellung vom Glück ist wichtig für den Sinn des Lebens und das Gegenmittel für Konflikte und Streit, und dennoch bleibt es schwer fassbar und abstrakt.

SOKRATES UND PLATON – GRUNDLAGE DER ABENDLÄNDISCHEN PHILOSOPHIE

Als Begründer der abendländischen Philosophie lebte Sokrates von 469 bis 399 v. Chr. sein ganzes Leben lang in Athen und konfrontierte seine Zeitgenossen mit Fragen nach Wahrheit und Gerechtigkeit. Er folgte zwei wesentlichen Grundsätzen. Erstens sei »ein unerforschtes Leben nicht lebenswert« und zweiten sei die Grundlage seiner Weisheit auf der Erkenntnis gegründet, dass er eigentlich »nichts« wisse.

Allerdings spielte der Glücksbegriff eine zentrale Rolle in Sokrates' Gedanken- und Ideenwelt und kreiste um die Vorstellung, das Glück sei erreichbar, indem der Mensch das eigene Begehren in den Griff bekomme und dadurch Harmonie in seiner Seele erzeuge. Dieser Prozess, so behauptete er, riefe schließlich einen göttlichen Zustand innerer Ruhe hervor, frei von den zerstörenden Kräften der Außenwelt. Auch wenn Sokrates seine Ideen nicht niederschrieb, hatte sein enormer Einfluss auf seinen Schüler Platon und wiederum dessen Schüler Aristoteles dauerhafte Auswirkungen auf die Entwicklung der abendländischen Philosophie.

PLATONS AKADEMIE

Platon gründete seine Philosophenschule in einem dem Helden Akademus gewidmeten Hain, was erklärt, warum sie als Akademie bekannt wurde, was wiederum verdeutlicht, warum Gelehrte Akademiker genannt werden.

Die vorherrschende Auffassung von Glück war zur Zeit des Sokrates metaphysischen Vorstellungen vom Schicksal und dem Willen der Götter verpflichtet. Sokrates behauptete, dass Glück tatsächlich nichts mit Zufall zu tun hatte, sondern durch menschliches Bemühen und sorgfältiges Nachdenken über die Kräfte, die das Leben der Menschen beeinflussen, erreicht werden konnte. Glück wurde als ein Segen betrachtet, der demjenigen verliehen wurde, den die Götter liebten, sodass die Suche danach anmaßend und arrogant sei und nur im persönlichen Niedergang enden konnte. Diese Ansicht wird üblicherweise in klassischen griechischen Tragödien dramatisiert, wo die Hauptfiguren zu ahnungslosen Architekten ihres eigenen Schicksals werden.

Außerdem argumentierte Sokrates, dass der Schlüssel zum Glück die Verlagerung des Schwerpunkts weg von den Freuden des Körpers und weltlicher, materieller Anliegen hin zu einer Konzentration auf die Seele sei. Er behauptete, wir könnten durch die Harmonisierung unserer Begierden lernen, unseren Geist zu befrieden und einen göttergleichen Zustand der Gelassenheit erreichen.

Platon (428–347 v. Chr.) stellte die Ansichten des Sokrates in einer Reihe von Schriften dar, die als *Dialoge* bekannt sind.

Diese Werke sind:

- Sokrates' Gespräche mit zahlreichen unterschiedlichen Menschen: mit Politikern, Dramatikern, prominenten Mitgliedern der Athener Gesellschaft, Schülern und Freunden

- In jedem Dialog fordert Sokrates diese Menschen auf, die Grundlagen ihrer Überzeugungen zu erklären.

- Durch eine verlängerte Vorgehensweise von Fragen und Antworten – das ist die sokratische Methode – nimmt Sokrates ihre Argumente und Behauptungen auseinander, um die falsche Logik in ihren Gedankengängen zu entlarven und die Mängel und Widersprüche hervorzuheben.

- Der als das *Symposion* bekannte Dialog ist sowohl für die sokratische Methode als auch für die Vorstellungen des Sokrates vom Glück ein treffendes Beispiel.

Das *Symposion* findet bei einem Gastmahl statt und das Thema Glück taucht auf, weil jeder eingeladene Gast aufgefordert wird, eine Ansprache zu Ehren von Eros zu halten, den Gott der Liebe und des Begehrens. Eryximachus, ein prominenter Athener Arzt, behauptet, Eros sei der Gott, der am geeignetsten sei, Glück zu verleihen, während der Dramatiker Aristophanes zwar einverstanden ist, aber geltend macht, dass »Eros den Menschen ein Helfer und ein Arzt für diejenigen Übel ist, deren Heilung dem Menschengeschlecht die größte Geselligkeit gewähren dürfte«. Eryximachus vertritt die Auffassung, Eros repräsentiere als Liebesgott die Kraft, die allen Dingen Leben spendet. Dazu gehöre auch das menschliche Begehren, weshalb er die Quelle des Guten in der Welt sei. Aristophanes weitet diesen Punkt aus, indem er vorbringt, Eros sei die Stärke, die die Menschen durch Liebe und insbesondere durch Sex zusammenbringt. Sokrates hingegen hat ein Problem mit Eros.

Er legt nahe, dass Eros eine dunkle Seite habe, da er sich als Repräsentant des Begehrens stets in einem Zustand des Sehnens befindet, das niemals befriedigt oder gesättigt werden kann. In diesem Sinn könne Eros nicht als ein wahrhaftiger Gott betrachtet werden, weil Göttlichkeit per definitionem ewig und unabhängig sein müsse. Dann aber verlagert Sokrates den Schwerpunkt und behauptet, Eros sei für die Suche des Menschen nach Glück lebenswichtig, da er den Übergang vom Menschlichen zum Göttlichen darstelle. Eros stellt den Antrieb hinter dem Begehren bereit, der mit der Suche nach körperlichen Freuden beginnt, aber in Schranken gehalten und ins Streben nach höheren Geistesperspektiven umgelenkt werden kann.

Sokrates' Standpunkt lautet, die Liebe zu den schönen Dingen sei flüchtig und oberflächlich, der Begriff des Schönen aber gleichzeitig der Schlüssel zu Glück und Erfüllung. Und das Nachdenken über Schönheit an und für sich bedeutet, dass sich die Seele mit sich selbst im Einklang befinden wird. Sokrates hält diesen Prozess für einen Augenblick der Glückseligkeit oder Erleuchtung, weil man die Wahrheit seines eigenen Daseins erkennt:

Auf dem Höhepunkt des Lebens (...) auf welchem er das Schöne selbst betrachtet, hat das Leben des Menschen, wenn irgendwo, einen wahrhaften Wert. Wenn du dieses Schöne einstmals erblicken solltest, dann wird es dir nicht mit der Schönheit des Goldes und der Kleidung vergleichbar erscheinen (...) bei deren Anblicke du jetzt außer dir gerätst (...) wenn er das Schöne mit dem Auge anschaut [wird er]nicht bloße Schattenbilder der Tugend gebären (...) sondern die wahre Tugend.

SOKRATES

Da Sokrates die anerkannte Weisheit und weit verbreitete Überzeugungen ständig infrage stellte, geriet er mit den Athener Behörden in Konflikt, bis er schließlich angeklagt und wegen des »Verderbens der Jugend« und der »Leugnung der Götter« vor Gericht gestellt wurde.

Sokrates wurde schuldig gesprochen, wenn auch nur von einem Scheingericht. Man ließ ihm die Wahl zwischen einem Leben im Exil oder der Todesstrafe. Er blieb seinen Überzeugungen treu und entschied sich für den Tod, weil er glaubte, ein Leben im Exil verletzte seine Prinzipien der Freiheit des Denkens. Er starb an einem Schierlingstrunk und soll seine Philosophie bis zu seinem Ende in heiterer Stimmung vertreten haben

»GLÜCK HEISST DER WEG«

Siddhārtha Gautama war ein spiritueller Führer und Philosoph aus dem östlichen Teil des alten Indiens (des heutigen Nepal), der um 500 v. Chr. lebte. Die Lehren des Siddhārtha bilden die Grundlage des Buddhismus und folgen einem Weg, der als »der mittlere Pfad« zur Erleuchtung bekannt ist. Er strebt

ein harmonisches Gleichgewicht zwischen Sinnes-
freuden und Askese an.

Die Weisheit des Buddhas wurde nach seinem
Tod ursprünglich mündlich von seinen Jüngern wei-
tergegeben und erschien in schriftlicher Form erst
einige Jahrhunderte später. Für Siddhārtha ist das
Glück kein Selbstzweck, sondern ein Vorgang: »Es
gibt keinen Pfad zum Glück: der Pfad ist das Glück!«
Mit anderen Worten, genieße den Weg und den Augenblick und finde darin Erfüllung, strebe nicht nach
einem idealisierten Ziel.

Diese Auffassung legt nahe, dass Glück unbe-
ständig und vergänglich ist, nicht imstande, dauerhafte Zufriedenheit zu bieten und stattdessen tatsächlich zu Leid und der buddhistischen Vorstellung
von *samsāra* führt – einem endlosen Zyklus von
Wiedergeburt, Leid und Tod. Um *samsāra* hinter
sich zu lassen und Nirvana zu erreichen – einen Zustand spiritueller Vollkommenheit – lehrt der Bud-
dha, schädliche Begierden zu vermeiden und zwar
durch besinnliche Meditation, die zu »befreiender
Einsicht« führt. Entscheidend dabei ist, Möglichkeiten zu finden, den Weg dahin, nämlich die gegenwärtig durchlebten Erfahrungen, zu genießen und

Jon Kabat-Zinn und die Achtsamkeit

Das Praktizieren besinnlicher Meditation in der Philosophie von Siddhārtha Gautama und der buddhistischen Lehren hat bedeutsame Auswirkungen auf moderne Ansätze zur Psychotherapie wie etwa die Kognitive Verhaltenstherapie und Achtsamkeit.

Der amerikanische Gelehrte Jon Kabat-Zinn interessierte sich in den späten 1970er-Jahren für den Buddhismus und forschte nach Möglichkeiten für die Anwendung meditativer Praktiken in der Medizin. An der University of Massachusetts Medical School gründete er eine Klinik zur Stressreduzierung und entwickelte ein achtwöchiges Programm für Meditation und Hatha-Yoga. Er nannte es Mindfulness Based Stress Reduction (MBSR: Stressreduzierung auf der Grundlage von Achtsamkeit) zur Bekämpfung von Stress und Angst. MBSR erwies sich als großer Erfolg, sodass Kabat-Zinn daraufhin Achtsamkeit als ein therapeutisches Werkzeug entwickelte, um andere Beschwerden zu bekämpfen wie zum Beispiel Depression, Psychose und chronischen Schmerz.

zerstörerische Sorge um Zukünftiges oder Vergangenes zu vermeiden.

Achtsamkeit

Das Leitbild der Achtsamkeit besteht darin, Raum in unserem Leben zu schaffen, um klarere Entscheidungen zu treffen, durch entspannte Reflexion mehr Kontrolle zu gewinnen und schließlich durch Beachtung positiver Details im Leben und in unseren Beziehungen Glück zu finden.

Auch wenn Jon Kabat-Zinn (siehe Kasten links) den Einfluss buddhistischer Philosophie auf seine Therapien heruntergespielt hat und stattdessen lieber behauptet, Achtsamkeit sei in einem wissenschaftlichen und medizinischen Rahmen integriert und keine religiöse Weltanschauung, gibt es eindeutige Spuren von Siddhārtha Gautamas Mantra: »Der Pfad ist das Glück«.

WAS HAT UNTERDESSEN IN CHINA KONFUZIUS GESAGT?

Ähnliche Vorstellungen über die Philosophie des Glücks und die Kraft positiven Denkens findet man in den Lehren des Konfuzius (551–479 v. Chr.). Konfuzius ist bekannt für seine gern zitierten Aphorismen und mancher Gelehrte behauptet, sie seien die Grundlage für einen weltlichen Moralkodex, bekannt als Konfuzianismus. Die *Analekten*, eine Sammlung von Gesprächen zwischen Konfuzius und seinen Jüngern, die nach seinem Tod von seinen Schülern zusammengestellt wurden, bilden das Zentrum des Konfuzianismus. Als Konfuzius gebeten wurde, das Wesen des Glücks zu beschreiben, antwortete er: »Je mehr der Mensch über gute Gedanken meditiert, umso besser wird seine Welt und die Welt im Allgemeinen sein.«

Dieses Mantra wurde von seinem Zeitgenosse *Laozi* (was »Alter Meister« bedeutet) in seinem klassischen philosophischen Text *Daodejing* weiterentwickelt. Laozi gilt als der Begründer der alten chinesischen Philosophie des Taoismus und ist eine halbmythische Gestalt. Es gibt kaum historische Belege über ihn, nur schillernde Volksmärchen, wie er die westlichen Lande auf dem Rücken eines Wasserbüffels bereist. Hinzu kommen verschiedene widersprüchliche Legenden. Was wir allerdings sagen können, ist Folgendes:

- Moderne Gelehrte alter chinesischer Kultur stimmen im Allgemeinen dahingehend überein, dass das Daodejing aufgrund der Ungleichmäßigkeit der rhetorischen Methoden von mehreren Menschen geschrieben und zusammengestellt worden ist. Aphorismen im klassischen konfuzianischen Stil treffen auf Gegensätze, vermutlich um den Trugschluss unerbittlicher Weisheit hervorzuheben.

- Ein wesentlicher Bestandteil des Taoismus ist die Vorstellung des *wu wei*, das in zweideutiger Weise »Nichttun« bedeutet, oder »Handeln durch Nichthandeln«.

- Das Dao ist der natürliche Zustand des Lebens, allegorisch betrachtet ein fließender Fluss oder Bach. Doch Ideologien, Ehrgeiz und Begehren rufen Konflikte mit dem Tao hervor und halten das natürliche Fließen des Flusses auf.

- Wenn wir jedoch die Tugenden der Bescheidenheit und Einfachheit verkörpern und die

Meditationspraxis des *Zuowang* ausüben (den Eintritt in einen tranceähnlichen Zustand, in dem der Geist von allen Gedanken an Selbstwert und Identität befreit ist, d. h. »in Selbstvergessenheit dasitzen«), dann fließt der ewige Fluss um diese selbst errichteten Hindernisse für das Tao herum.

- Im Daodejing, behauptet Laozi: »Wenn du bedrückt bist, lebst du in der Vergangenheit, wenn du ängstlich bist, lebst du in der Zukunft, wenn du im Reinen mit dir bist, lebst du in der Gegenwart.«

DEMOKRIT: »DER LACHENDE PHILOSOPH«

Demokrit (460–370 v. Chr.), dessen griechischer Name »vom Volk gewählt« bedeutet, wurde in der antiken griechischen Stadt Abdera im Landesteil Thrakien geboren, einer florierenden Hafenstadt, nahe der Grenze zur heutigen Türkei. Obwohl er als einer der Mitbegründer der Atomistenschule bekannt ist, soll er mehr als sechzig Schriften über unterschiedlichste Themen verfasst haben, zum Beispiel über Moral, Ethik und wie man ein glückliches Leben führt. Zeitgenössische Berichte über Demokrits Leben schildern ihn als eine überschwängliche und fröhliche Persönlichkeit, weshalb er auch »der lachende Philosoph« genannt wurde. Neben seinen wissenschaftlichen und philosophischen Forschungen und Werken, soll er weite Reisen unternommen und die historische Stadt Babylon besucht haben und in Ägypten, Nordafrika und Indien unterwegs gewesen sein.

Demokrits Beitrag zur Philosophie des Glücks besteht aus einer Reihe von Zitaten und Aphorismen, die in Fragmenten überlebt haben, die andere Schriftsteller und Philosophen ihm statt irgendeiner anderen Denkrichtung oder Lehrmeinung zugeordnet haben. Getreu seiner gutmütigen Gesinnung, schätzte er Heiterkeit als Mittel, die Reinheit der Seele zu bewahren: »Das Glück wohnt nicht in Rinderherden oder in Goldtöpfen. Das Glück ist, genau wie das Unglück, eine Eigenschaft der Seele«.

Demokrit lehrte, das menschliche Leben sei zerbrechlich, kurz und überladen mit Ängsten und Problemen. Zugleich lasse sich die Mehrheit der Schwierigkeiten, die zu Unglück führen, aus dem Verlangen nach dem, was wir nicht haben (zum Beispiel Geld, Ansehen und Macht) ableiten, statt das wertzuschätzen, was wir besitzen und Not daran zu messen, was wir wirklich brauchen, um glücklich zu sein. Er behauptete: »Heiterkeit oder Wohlbefinden erzeugt der Mensch durch Mäßigung im Genuss. Gier und Lust sind im ständigen Wandel begriffen und verursachen große Störungen in der Seele, und Seelen, die von großen Störungen aufgewühlt sind, sind weder gefestigt noch heiter.«

Kurz gesagt glaubte Demokrit an ein Leben stillvergnügter Mäßigung. Man sollte auf der Hut vor Dingen sein, die von anderen Leuten »beneidet oder bewundert« werden. Durch sorgfältige Beobachtung von Menschen, die »in Not leben und leiden«, werde man erkennen, dass das eigene Leben stillvergnügter Mäßigung von unschätzbar größerem Wert sei. Widersetze man sich dem Wunsch, mehr zu haben, werde »das Leid in der Seele enden, man lebt gelassener und vertreibt die Flüche des Lebens – Neid, Eifersucht und Gehässigkeit.«

Der Tod des Demokrit und die Kraft frisch gebackenen Brotes

Die Thesmophorien waren eines der wichtigsten religiösen Feste im Kalender des alten Griechenlands, an dem ausschließlich Frauen teilnahmen. Es wurde zu Ehren der Göttin Demeter und ihrer Tochter Persephone gefeiert. Anbetung, Opfer und Tribute an die Göttinnen sollten weibliche und landwirtschaftliche Fruchtbarkeit, Kinder und eine reiche Ernte fördern. Frauen buken traditionell Brot in Form riesiger Phallusse und legten sie auf einen Altar.

Demokrits Schwester war als »Bürgin« für das Festival auserwählt worden – eine der Frauen, die im tranceähnlichen Zustand ritueller Reinheit vor den Altären beteten. Sie war bekümmert, weil sie deshalb den zu diesem Zeitpunkt dahinsiechenden Demokrit allein sterben lassen musste. Er versicherte ihr, er würde noch am Leben sein, wenn sie heimkehrte, und, getreu seinem Versprechen und zu ihrem Erstaunen, lebte er am Ende des Festes tatsächlich noch. Er behauptete, es sei ihm gelungen, so lange auszuharren, weil er den Duft des frisch gebackenen Brotes einatmete, der während der Thesmophorien die Luft erfüllte.

DAS ÄSTHETISCHE IM VERGLEICH ZUM ETHISCHEN LEBEN

Die drei Aspekte der Philosophie des Glücks, die immer wiederkehren, sind: Konzentration auf die Ablehnung des schädigenden Einflusses des Begehrens, unser Leben so respektieren lernen, wie es gelebt wird und die Wertschätzung der Mäßigung.

Der in Dänemark geborene Philosoph Søren Kierkegaard (1813–1855) hing ebenfalls der Tugend an, im Jetzt zu leben, als er 1844 seinen Traktat über Ethik mit dem Titel *Entweder – Oder* schrieb. Diese Schrift wurde häufig als ein Vorläufer des Existentialismus bewertet, der manchmal irrtümlicherweise als eine bewusst düstere Philosophie erachtet wird. Kierkegaard unterschied darin zwischen dem ästhetischen und dem wahrhaft ethischen Leben. Das Ästhetische wird durch die Befriedigung des Verlangens und des Ehrgeizes charakterisiert und führt zu Angst und zum Widerstreit mit dem freien Willen. Er glaubte, wenn die Menschen das ästhetische Leben ablehnten, wären sie in der Lage, das Leben so zu erfahren, wie es ist. So könnten sie Glück und Zufriedenheit aus ihren Erfahrungen ableiten. »Das Leben ist kein Problem, das man lösen, sondern eine Wirklichkeit, die man erfahren muss.«

Die Fragen, die die Philosophie des Glücks stellt, sind im Wesentlichen paradoxer Natur. Zwei Jahrtausende lang haben sich die Philosophen, die sich bemühten, das Glück zu definieren und Wege dorthin zu finden, eigentlich auf die Merkmale konzentriert, die unsere Fähigkeit, glücklich zu sein, verhindern. Obendrein haben sie die Ursachen von Kummer und Verzweiflung untersucht. Von Sokrates bis Kierkegaard haben Denker Verlangen, blinden Ehrgeiz und sinnliche Freuden als Wege zum Glück abgelehnt: Stattdessen sollte der Mensch lediglich den Augenblick genießen und sich am Hier und Jetzt erfreuen. Wie der römische Stoiker Seneca (4 v. Chr. – 65 n. Chr.) in seiner Aufsatzsammlung über Moral schrieb: »Die größten Geschenke der Menschheit sind in uns und in unserem Umkreis. Ein Weiser ist mit seinem Los zufrieden, wie es auch sein mag, ohne zu begehren, was er nicht hat.«

Die Ursprünge der Angst

Kierkegaard führte das mittlerweile häufig benutze Wort »Angst« ein, das wir verwenden, um die Empfindung tiefgreifender Unsicherheit und Furcht zu beschreiben. Er verwendete es erstmals in seinem Buch »Der Begriff Angst« von 1844. Darin behauptet er, die Entscheidungsfreiheit lasse die Menschen in einem fortwährenden Zustand der Angst vor ihrer Verantwortung gegenüber Gott zurück. Für die späteren Existentialisten war es eher ein Fall von Verantwortung des Menschen für sich selbst, für seine eigenen Prinzipien und für andere Menschen.

Warum ist Dänemark das glücklichste Land der Welt?

Im März 2018 stufte der World Happiness Report – eine jährliche Umfrage in 155 Ländern – zum siebenten Mal in Folge Dänemark als das glücklichste Land der Welt ein. Untersuchungen des »subjektiven Wohlbefindens« werden anhand wissenschaftlicher Analysen objektiver Daten über Kriminalitätsraten, Durchschnittseinkommen, bürgerliches Engagement und Gesundheit durchgeführt. Diese Daten werden dann mit qualitativen Analysen von Studien über positive und negative Emotionen sowie mit allgemeinen persönlichen Überlegungen verglichen. Obwohl Dänemark über politische Stabilität, ein kostenloses, hochklassiges Gesundheits- und Bildungssystem und relativ niedrige Kriminalitätsraten verfügt, sind die Lebenshaltungskosten und die Steuern hoch.

Womit Dänemark allerdings punktet, sind die eher subjektiven Kennzeichen für Glück. Der bekannteste Faktor ist das speziell dänische Kulturphänomen, das *hygge* genannt wird.

Hygge lässt sich annähernd mit »gemütlich« oder »vertraut« übersetzen und wird benutzt, wenn es um Erfahrungen geht, die man mit anderen teilt – harmonisches zwischenmenschliches Erleben. Damit kann ein vergnügliches Essen mit einem alten Freund, ein Familienpicknick am Strand oder eine Tasse heiße Schokolade am offenen Kamin an einem kalten Winterabend gemeint sein. *Hygge* ist im Wesentlichen der entspannte, einfache Kontakt mit anderen Menschen und die Freude an diesem Augenblick der Gemeinsamkeit. Das Wort wird in unterschiedlichen Zusammenhängen benutzt. So ist es beispielsweise üblich, den Gastgebern eines Abendessens zu danken, indem man den Abend als *hyggelige* bezeichnet. Tatsächlich zeugte es von schlechten Manieren, wenn man es nicht täte.

Hygge hat sich so tief in die dänische Psyche und Kultur eingebrannt, dass psychologische Studien darauf verwendet wurden, um festzustellen, wie andere Länder einvernehmliche Wertschätzung einfacher, geteilter Freuden und Erfahrungen fördern könnten. Wenngleich Kierkegaard diesen Begriff nicht geprägt hat, schrieb er ausführlich über das Leben als eine Erfahrung, die uns von Angst, Stress und Verzweiflung befreit, und war daher in gewisser Hinsicht ein früher Befürworter von *hygge*.

Kim Kierkegaardashian:
die weise Frau von Twitter

Im Jahr 2012 tauchte ein Twitternutzer unter dem Namen Kim Kierkegaardashian auf, der schnell zum Kult wurde und viele Follower fand. Er kombinierte die Philosophie des dänischen Existentialisten Søren Kierkegaard mit der Mode, den Schönheitstipps und dem üblichen Prominentengeschwafel von Reality-TV-Star Kim Kardashian. Hier sind zwei von Kims cleveren Twitterquirls: »Probiere gerade das beste Bräunungsspray aus!! Auf unerklärliche Weise durchglüht uns eine unbeschreibliche Freude« und »Ich erkenne mich kaum wieder, mein Geist ist wie eine aufgewühlte See. Ich teste gerade eine neue Wimperntusche«.

Zwangsläufig fand der Erfolg von Kim Kierkegaardashian Nachahmer mit Figuren wie Kantye West, der auf humorvolle Weise Immanuel Kant, den Aufklärungsphilosophen des 18. Jahrhunderts, mit dem Twittergetöse des Rappers Kanye West verschmolz.

2

Alles Wissenswerte über die

PHILOSOPHIE DER
ETHIK UND MORAL

Diese beiden Zweige der Philosophie – Ethik und Moral – sind häufig ununterscheidbar. Auf einer grundlegenden Ebene existiert ein Unterschied, aber Philosophen haben sich bemüht, das Eine vom Anderen zu trennen.

DIE GROSSE TEILUNG

Das Wort Ethik wird vom Altgriechischen *ēthikós* abgeleitet und bedeutet »in Bezug auf jemandes Charakter«, während das Wort Moral aus dem Lateinischen *mos* (durch Erweiterung *moralis*) stammt, was Sitten heißt.

Ironischerweise ist das Wort *moralis* angeblich erstmals von dem römischen Philosophen und Historiker Cicero (106–43 v. Chr.) geprägt worden. Es war ein Versuch, das griechische Konzept ēthíkós ins Lateinische zu übersetzen. Mittlerweile bezieht sich der grobe Unterschied darauf, dass sich die Ethik auf grundlegende Fragen zum menschlichen Charakter bezieht und definiert, wie wir als Individuen unser Leben führen sollten, insbesondere wenn wir mit schwierigen Entscheidungen konfrontiert werden. Die Moral hingegen befasst sich mit Sitten oder Gebräuchen, die von bestimmten Richtlinien abgeleitet werden, wie zum Beispiel die christliche Moral vornehmlich von den Lehren der Bibel abgeleitet wird.

Trotzdem treten Probleme auf, wenn man zwischen Ethik und Moral eindeutig unterscheiden will. Viele moderne Institutionen – Medizin, Justiz, Unternehmen, Massenmedien – haben einen vermeintlich transparenten ethischen Kodex. Und es wird angenommen, dass sie durch einen Konsens über die richtige Art, unter gewissen Umständen und in bestimmten Situationen zu handeln, erstellt wurden. Aktuelle Debatten über Euthanasie im medizinischen Beruf liefern ein nützliches Beispiel, wie die Trennung zwischen Ethik und Moral oder Moralität verwirrend und problematisch sein kann. Während es möglich ist zu behaupten, die Beihilfe zum Selbstmord laufe dem Hippokratischen Eid zuwider, lässt sich die Moral infrage stellen, die es erlaubt, einen Patienten unnötig leiden zu sehen. Deshalb werde ich aus Gründen der Klarheit die Ethik als einen Zweig der Philosophie betrachten, die sich mit Fragen der menschlichen Moral befasst, indem sie Auffassungen wie Gut und Böse, richtig und falsch, Tugend und Laster, Recht und Kriminalität definiert.

Im Rahmen der Ethik gibt es drei weithin anerkannte Denkrichtungen oder Untersuchungsansätze. Sie lauten:

- *Normative Ethik* – die traditionellste Lehre, die auf die alten Griechen zurückgeht. Sie behandelt die praktischen Fragen, wie man die »richtige« Vorgehensweise bestimmt oder wie man ein »gerechtes und rechtschaffenes Leben« führt.

- *Metaethik* – Zugang zu theoretischer Bedeutung und Bezug zu moralischen Thesen, und wie es möglich (oder unmöglich) ist, ihren wahren Wert zu ermitteln.

- *Angewandte Ethik* – verbindliche Fragen hinsichtlich individueller und kollektiver Handlungen.

NORMATIVE ETHIK: WIE SOLLTE MAN LEBEN?

Normative Ethik wird manchmal auch präskriptive Ethik genannt und beschäftigt sich hauptsächlich damit, wie die Dinge sein sollten. Sie versucht einzuschätzen, warum bestimmte Handlungen falsch oder richtig, gut oder schlecht sind. Das Ziel ist im Prinzip, ein Verständnis für eine Reihe allumfassender Prinzipien oder Richtlinien zu gewinnen, um Handlungen in moralisch korrekte Bahnen zu lenken. Im Rahmen der umfangreichen Studie normativer Ethik gibt es drei unterschiedliche, aber dennoch aufeinander bezogene Ansätze: *Konsequentialismus, Deontologie (Pflichtenlehre)* und *Tugendethik*.

Konsequentialismus:
Heiligt der Zweck die Mittel?

Der Konsequentialismus wird in philosophischen Kreisen häufig als ein teleologisches Modell für Ethik bezeichnet. Das griechische Wort *telos* bedeutet Ziel oder Zweck, während *logos* Vernunft oder Sinn bedeutet. Daher behauptet der Konsequentialismus oder die teleologische Ethik, der moralische Wert einer bestimmten Handlung sei von der Folge oder vom Ergebnis der Handlung abhängig. Diese Ansicht geht davon aus, dass eine moralisch richtige oder korrekte Handlung angesichts einer Situation ein gutes Ergebnis hervorbringt, während eine moralisch falsche Aktion zwangsläufig schlimme Konsequenzen hat. Und mit diesem Paradigma stehen konsequentialistische Theorien vor Fragen wie diesen:

• Welche Art von Konsequenzen läuft auf gute Konsequenzen hinaus?

• Wer oder was profitiert prinzipiell von einer speziellen moralischen Handlung?

- Wie beurteilen wir den Wert von Konsequenzen, und wer entscheidet, ob sie gut oder
  schlecht sind?

Der griechische Philosoph Epikur (341–270 v. Chr.)
wird häufig als Vorläufer der konsequentialistischen
Ethik bezeichnet. Er gehörte der hedonistischen
Schule der griechischen Philosophie an, die glaubte,
das Vergnügen sei das höchste Gut im menschlichen
Leben und das wichtigste Ziel des Daseins. Allerdings wird der Hedonismus vielfach falsch interpretiert. Vor allem heutzutage gilt er als unverfrore-
nes Streben nach sinnlichen Freuden. Das stimmt
so nicht – die Hedonisten der Antike definierten Vergnügen vornehmlich als ein Leben ohne Schmerzen und als das Erlangen glückseliger Gelassenheit.
Dieser Zustand ließ sich durch die Entwicklung von
ataraxia (Fehlen von Furcht), Freiheit von der Qual
(geistigen Leidens) und *aponia* (Freiheit von körperlichem Schmerz) erreichen.

Was die konsequentialistische Ethik betrifft, betrachtete man die Entscheidung für eine Vorgehensweise, die zum größten Vergnügen führt, als die
richtige Konsequenz. Wenn jedoch – und an diesem

Punkt sind die Lehren des Epikur und anderer Hedonisten missverstanden worden – das Verlangen nach Vergnügen letztlich Schmerz mit sich bringt, dann war die Konsequenz eine schlechte Wahl.

So lehrte Epikur beispielsweise die Mäßigung und die Suche nach Vergnügen in den einfachen Dingen des Lebens wie Essen und Unterkunft. Vom Streben nach Reichtum und materiellen Dingen sollte man sich fernhalten. An einem Glas Wein zum Essen sollte man sich erfreuen, aber eine ganze Karaffe gierig auszutrinken, werde Unwohlsein, Orientierungsverlust und vermutlich Krankheit nach sich ziehen. In diesem Fall ist die Mäßigung eine Form der Weisheit sowie die Fähigkeit, Wünsche für das größere Wohl des Glücks und der Gelassenheit zu zügeln.

Im 19. Jahrhundert hatte sich mit der Formulierung des Utilitarismus (siehe Kapitel 4) und dem Werk von Jeremy Bentham (1748–1832) und John Stuart Mill (1806–1873) die konsequentialistische Ethik von der Konzentration auf das individuelle Glück auf das kollektive Glück verlagert. Aber worum geht es dabei?

- Der wesentliche Schwerpunkt des Utilitarismus liegt auf dem Wort Nutzen (lat. *utilitas*), um allgemeines Wohlergehen und Glück zu definieren. Mills Interpretation lief in diesem Sinn darauf hinaus, dass der »Nutzen« die Konsequenz guter Taten ist.

- Nutzen ist nur insofern messbar, als Menschen Handlungen im Streben nach gesellschaftlichem Nutzen oder dem Wohlbefinden vieler Menschen begehen, es also nicht nur um Einzelne geht.

- In seinem Werk *Utilitarismus* (1963) behauptet Mill, dass sich die Menschen im Wesentlichen tatsächlich nach dem Glück sehnen. Warum sollte auch jemand sich wünschen, unglücklich zu sein? Da jedes Individuum glücklich sein möchte, muss daraus folgen, dass wir alle auch das Glück der anderen wollen und durch entsprechendes Handeln zu einem größeren gesellschaftlichen Nutzen beitragen.

- Deshalb ist eine Tat, die das größte Vergnügen zum Nutzen der Gesellschaft zur Folge hat, die bestmögliche Vorgehensweise.

- Mit dieser Ansicht gab Mill das berühmteste Axiom seines Mentors und einstigen Lehrers Bentham wieder: »Das größte Glück der größten Zahl ist die Grundlage der Moral«.

Handlungsutilitarismus im Vergleich zu Regelutilitarismus

Innerhalb des Utilitarismus gibt es zwei verschiedene Richtungen, die als Handlungsutilitarismus und Regelutilitarismus bekannt sind. Im Handlungsutilitarismus wird das Nutzenprinzip oder die Konsequenz, die das größte Glück hervorbringt, entsprechend einer Entweder/Oder-Wahl in einer bestimmten Situation bewertet. Im Regelutilitarismus bestimmt das Nutzenprinzip die Gültigkeit der akzeptierten Regeln korrekten Verhaltens oder einer Reihe moralischer Prinzipien und Regeln. Sie sind verwirrt?

Hier ist ein Beispiel:

Ein Verwandter von Ihnen hat einen Herzinfarkt – ein Notarzt wird gerufen, aber an einem staatlichen Feiertag um 6 Uhr morgens sind die Notdienste personell knapp besetzt. Schnelligkeit ist entscheidend, also fahren Sie selbst ihn ins Krankenhaus. Fahren Sie bei Rot über die Ampel und vergrößern damit die Chance, sein Leben zu retten, oder warten Sie, bis die Ampel auf Grün umschaltet?

Die Antwort des *Handlungsutilitarismus* lautet: Fahren Sie bei Rot. Obwohl Sie gegen das Gesetz verstoßen, ist hier die Chance für einen Nutzen größer, denn mit dieser Vorgehensweise erhöhen Sie die Möglichkeit, ein Leben zu retten. Angesichts des Feiertags wird der Straßenverkehr und somit die Gefahr eines Unfalls eher gering sein, und wenngleich Sie von einer Verkehrskamera fotografiert und vor Gericht gestellt werden könnten, sollten Sie um des größeren Nutzens willen die Chance ergreifen.

Die Antwort des *Regelutilitarismus*: Warten Sie, bis es Grün wird. Das leichtsinnige Überfahren der roten Ampel könnte zur Folge haben, dass Sie einen Unfall verursachen, der zu Verletzungen und einem Verlust von Leben führen könnte. Die Regel, bei rotem Licht anzuhalten, soll alle Straßenbenutzer schützen und sie vor unverantwortlichem Fahren bewahren. Würde jeder die rote Ampel ignorieren, wenn er in Eile ist, gäbe es ein Blutbad, und der Nutzwert der Regel wäre gleich null.

Die *Handlungsutilitarier* würden behaupten, die selbstlose Tat, alles zu tun, um ein Leben zu retten, sei die richtige Alternative, ungeachtet eines möglichen katastrophalen Resultats. Sollte der Fahrer unbeschadet ins Krankenhaus gelangen, »heilige der Zweck die Mittel«. Die *Regelutilitarier* glauben, dass die Bestimmung von richtig und falsch in dieser Situation von der Begründung für die Regel abhängig sei, ungeachtet irgendwelcher mildernden Umstände.

Deontologie:
eine moralische Verpflichtung

Die Deontologie (Pflichtenlehre) ist die ethische Theorie, die sich mit dem offensichtlichen und wesentlichen »Richtig« oder »Falsch« einer Tat befasst im Gegensatz zu den Folgen dieser Tat. In mancher Hinsicht lässt sich der Regelutilitarismus (siehe oben) als eine Form der Deontologie interpretieren, da sie vorschlägt, dass bestimmte Regeln und Pflichten stets ethisch korrekt sind. Abgeleitet vom altgriechischen Wort *deon*, das Pflicht bedeutet, behauptet die Deontologie, dass Entscheidungen über die Vorgehensweise und bestimmte Situationen von einer Betrachtung der Pflichten gegenüber einem selbst und von den Rechten und vom Wohlergehen anderer abhängt – also das, was wir eine »moralische Verpflichtung« nennen würden. Es gibt jedoch unterschiedliche Kategorien deontologischer Ethik, weil moralische Verpflichtungen aus einer externen oder internen Quelle entstehen können wie etwa ein Regelwerk, das dem Universum zugehörig ist (das als ethischer Naturalismus bekannte antike griechische Modell), religiöse Gebote, oder eine Reihe persönlicher oder kultureller Werte. Doch egal, wie die Quelle der Verpflichtung beschaffen sein mag, sei sie nun interner oder externer Natur: Sie könnte in Konflikt mit persönlichen Wünschen geraten.

Die Theorie des Göttlichen Befehls:
Gott sagte, ich soll es tun

Traditionelle Formen deontologischer Ethik widmen sich der Religion und der Theorie des Göttlichen Befehls, eine Form der Deontologie, die feststellt, dass eine Tat richtig ist, falls Gott die Richtigkeit verfügt habe. Außerdem sei eine Tat verpflichtend, falls sie ausdrücklich von Gott und nur von Gott befohlen wurde. Deshalb entstehen moralische Verpflichtungen aus göttlichen Befehlen, und die »Richtigkeit« jeglicher Aktion hängt von ihrer Ausführung ab, weil sie eine Pflicht ist.

Organisierte Religionen haben, im Guten wie im Schlechten, die Theorie des Göttlichen Befehls als ein Mittel benutzt, um Macht und Kontrolle über Gesellschaften und Gruppen zu erreichen. Die Vorstellung, eine Handlung sei richtig, ungeachtet ihrer Konsequenzen, weil sie auf der grundlegenden Ebene Gottes Wille sei, ist eindeutig problematisch. Nichtsdestotrotz hat diese Form der deontologischen Ethik seit dem Frühen Mittelalter überlebt, ist in unterschiedlichen Religionen auf der ganzen Welt verbreitet und kommt in vielfältigen Ausprägungen – von einfachen Bräuchen bis zu terroristischen Gräueltaten – zum Ausdruck. Das soll nicht heißen, dass diese Theorie zwangsläufig eine negative oder einschränkende Vorstellung sei. Manche der sogenannten »Befehle« sind positiv und altruistisch.

Moderne Theologie und religiöse Doktrin empfinden weitaus mehr Sympathie für die individuelle

Entscheidung als in den Tagen von René Descartes (1596–1650), doch trotz der Zwänge seiner Zeit hat Descartes eine klare Unterscheidung zwischen der Vernunft und der Idee der persönlichen Tugend getroffen. Das Leistungsvermögen unserer Vernunft stand für Descartes im Mittelpunkt der menschlichen Erkenntnis, eine Hinterlassenschaft des »perfekten Wesens« für die Menschen. Gott stattet uns mit der Fähigkeit zu denken aus (*cogito ergo sum –* Ich denke, also bin ich), und logisch zu denken genügt bei der Suche nach dem Guten und Rechtschaffenen. Dies führt zur Entwicklung von Tugenden, die man im richtigen Denken findet, das unser Handeln in jeglicher Situation lenkt und uns zu Erfüllung und Glück führt.

Daher ist die Kultivierung der Vernunft der Schlüssel zu einer ausgeglichenen Haltung gegenüber dem Leben. Wie Descartes in seinem Werk *Prinzipien der Philosophie* (1647) erklärt: »Wahre Philosophie (...) lehrt, dass wir selbst inmitten der traurigsten Katastrophen und im bittersten Leid immer zufrieden sein können, vorausgesetzt wir wissen, wie wir unsere Vernunft einsetzen.« Er definierte Philosophie als »das Studium der Weisheit (...)

und dass man unter Weisheit nicht nur die Klugheit im täglichen Leben versteht, sondern ein vollkommenes Wissen all der Dinge, die der Mensch erkennen kann, sowohl um eine Regel für sein Leben zu haben, wie um seine Gesundheit zu erhalten, wie um alle Künste zu erfinden.« Obwohl Descartes nicht ausdrücklich die Theorie des Göttlichen Befehls ins Spiel bringt, behauptet er, eine grundlegende Vorstellung von Gott zu haben. Gott muss existieren. In seinen *Meditationen (*1641) erklärt Descartes, »dass dadurch allein, dass ich existiere und dass die Idee eines vollkommensten Wesen, d.i. Gottes, in mir ist, einleuchtend ist, dass Gott auch existiert (...) Und so ist es auch nicht zu verwundern, dass Gott bei meiner Erschaffung mir diese Idee eingepflanzt hat, gleichsam als das Zeichen, das der Künstler seinem Werke aufgeprägt hat.« Was immer daher Descartes mit angewandter Vernunft und zunehmender Weisheit für moralisch wahr hält, ist auch das, was Gott als moralisch wahr und richtig vorschreibt.

Immanuel Kant und der Kategorische Imperativ

Immanuel Kant (1724–1804) war eine führende Persönlichkeit der deutschen Aufklärung. Aufbauend

auf Descartes, gründet seine Philosophie vornehmlich auf der menschlichen Fähigkeit zur Vernunft.
Wo Kant sich jedoch von Descartes unterscheidet,
ist sein säkularer Ansatz zur Deontologie im Gegensatz zum religiösen Ansatz seines Vorgängers, wenngleich der ziemlich unbestimmt war. Außerdem
lehnte Kant den Konsequentialismus als Grundlage
für moralische Urteile oder Handlungen ab, da er an
eine Art von universeller Pflicht glaubte, die sich von
angewandter Vernunft ableitete. Aus Kants Sicht sind
bestimmte Taten immer falsch, ungeachtet ihrer Folgen, vielmehr sind es die Beweggründe der Person,
die die Handlung begeht und nicht die Konsequenzen der Tat, die bestimmen, ob die Handlungen richtig oder falsch sind.

In seiner bahnbrechenden Abhandlung *Grund-
legung zur Metaphysik der Sitten* (1785) skizziert
Kant drei Formulierungen, die zu dem Begriff beitragen, den er Kategorischer Imperativ nannte,
ein moralisches Bezugssystem, das die Pflicht des
menschlichen Willens darstellt, sobald er von äu-
ßeren Einflüssen und Kräften befreit ist. In der ersten Formulierung trifft Kant eine Unterscheidung
zwischen dem, was er »vollkommene Pflichten«

und »unvollkommene Pflichten« nennt. Erstere bestehen aus universellen Maximen, die für alle Menschen gelten und nicht durch Umstände bedingt sind. Letztere sind fließendere Situationen, offen für

Kant, das menschliche Uhrwerk

Der deutsch-jüdische Dichter, Essayist und Literaturkritiker Heinrich Heine (1797–1856) bezeichnete Kant in seinem Buch *Zur Geschichte der Religion und Philosophie in Deutschland* (1832) als einen Mann großer Genauigkeit, vor allem hinsichtlich seiner Zeitauffassung. »Ich glaube nicht, dass die große Uhr der dortigen Kathedrale leidenschaftsloser und regelmäßiger ihr äußeres Tagewerk vollbrachte, wie ihr Landsmann Immanuel Kant. Aufstehn, Kaffeetrinken, Schreiben, Kollegienlesen, Essen, Spazierengehen, alles hatte seine bestimmte Zeit, und die Nachbarn wussten ganz genau, dass die Glocke halb vier sei, wenn Immanuel Kant, in seinem grauen Leibrock, das spanische Röhrchen in der Hand, aus seiner Haustüre trat, und nach der kleinen Lindenallee wandelte, die man seinetwegen noch jetzt den Philosophengang nennt.«

unterschiedliche Interpretationen und abhängig von Zusammenhang und Umstand.

Kant verwendet das Wort Maxime, um das motivierende Prinzip hinter der Handlung zu bezeichnen und stellt in der ersten Formulierung, fest: »Handle so, dass die Maxime deines Willens jederzeit zugleich als Prinzip einer allgemeinen Gesetzgebung gelten könnte.« Einfach ausgedrückt und befreit von Kants manchmal schwer zugänglicher Begrifflichkeit, lässt sich die erste Formulierung in etwa als »goldene Regel« oder als »Ethik der Gegenseitigkeit« zusammenfassen, die besagt, andere so zu behandeln, wie man selbst behandelt werden möchte.

Bei Kants »unvollkommenen Pflichten« geht es um die Behandlung anderer: »Handle so, dass du die Menschheit sowohl in deiner Person, als in der Person eines jeden anderen jederzeit zugleich als Zweck, niemals bloß als Mittel brauchst.« Kant glaubte, dass die Behandlung anderer Menschen als Mittel zum Zweck, ungeachtet des Resultats, moralisch falsch sei, da dies den eigenen freien Willen und die Rechte dieser Person leugnet.

Kants dritte und letzte Formulierung betrifft die Anwendung moralischer Pflichten gegenüber Gemeinschaften und stellt fest: »Das vernünftige Wesen muss sich jederzeit als gesetzgebend in einem durch Freiheit des Willens möglichen Reiche der Zwecke betrachten.« In mancher Hinsicht klingt diese Ansicht im Utilitarismus nach, und zwar im Beharren auf die Richtigkeit einer Handlung, die vom Maß des Guten bestimmt wird, das der größten Zahl gewährt wird. Kant behauptet, dass Bekundungen des menschlichen Willens als moralische (d. h. vollkommene) Pflichten betrachtet werden sollten, vorausgesetzt jeder befolgt sie wie allgemeingültige Gesetze. Wenn es zum Beispiel falsch ist, zu lügen, dann muss dies von allen universell als Maxime angenommen werden, weil die Lüge das Vertrauen missbraucht und Vorstellungen von Wahrheit zerstört.

Ein Problem mit Kants Deontologie besteht darin: Weil sie jeder Beurteilung von Ergebnissen in richtig und falsch ausweicht, mangelt es ihr an Flexibilität, wenn es um heikle Zusammenhänge geht. Es gibt Situationen, wenn die Lüge das universelle Gesetz aussticht, da sie beispielsweise eine Katastrophe verhindern könnte. Die klassische Bewährungsprobe dieses universellen Gesetzes ist als Kants Axtmörderdilemma bekannt. Dabei geht es um die Frage, ob es richtig sei zu lügen, wenn man dadurch ein Menschenleben retten kann. In dieser Hinsicht scheint es in der gleichen Richtung zu scheitern wie der Gegensatz zwischen Regelutilitarismus und Handlungsultilitarismus (siehe Seite 49).

> *»... dass der Mensch, dazu verurteilt, frei zu sein, das Gewicht der gesamten Welt auf seinen Schultern trägt: er ist für die Welt und für sich selbst als Seinsweise verantwortlich.«*
>
> JEAN-PAUL SARTRE, *SEIN UND NICHTSEIN*

Tugendethik: wie man eine tugendhafte Person wird

Die Tugendethik ist eine normative ethische Theorie, die sich von der Deontologie und vom Konsequentialismus darin unterscheidet, dass sie den Schwerpunkt der Beurteilung von Taten, ihren Folgen und ihrem moralischen Wert auf die Betonung geistiger und charakterlicher Tugenden verlagert. Die Tugendethik beschäftigt sich mit Wesen und Definition von Tugenden: Welcher Aspekt des individuellen Charakters lässt sich als tugendhaft erachten?

Wie werden Tugenden erworben und angewendet? Sind individuelle Tugenden Teil der universellen menschlichen Natur oder lassen sie sich von kultureller Vielfalt ableiten?

Aristoteles hat in der *Nikomachischen Ethik* achtzehn »Tugenden« skizziert, derer es bedarf, um ein tugendhaftes Leben zu führen. Dabei unterscheidet er zwischen Tugenden, die Emotionen und Wünsche betreffen (Charaktertugenden) und Tugenden des Geistes (Verstandestugenden).

Charaktertugenden

- *Tapferkeit* – konfrontiert mit individueller Furcht
- *Besonnenheit* – was Lust und Schmerz betrifft
- *Freigebigkeit* – Großzügigkeit mit Reichtum und Besitz
- *Hochsinnigkeit* – verstanden als Bedachtsamkeit, wenn es um die Zurschaustellung von Reichtum und Besitz geht
- *Edelmut* – Bescheidenheit, wenn einer Person Ehre widerfährt
- *Angemessener Ehrgeiz* – realistisches Verlangen nach Macht und Einfluss

- *Wahrhaftigkeit* – in der Selbstdarstellung
- *Schlagfertigkeit* – Heiterkeit im Gespräch
- *Freundlichkeit* – im sozialen Verhalten
- *Bescheidenheit* – angesichts von Scham oder Schamlosigkeit
- *Gerechte Empörung* – angesichts von Ungerechtigkeit und Verletzungen, die wir selbst oder andere erfahren

Verstandestugenden

- *Intelligenz* – Verständnis für Wahrheit und Wirklichkeit
- *Wissenschaft* – Verständnis der Natur
- *Philosophische Weisheit* – Verständnis grundlegender Wahrheiten und angewandter Vernunft
- *Einsicht* – die Ideen und Gedanken anderer erfassen
- *Praktische Klugheit* – das Handeln den veränderten Umständen anpassen
- *Gesunder Menschenverstand* – Sympathie und Einsicht beim Fällen von Urteilen
- *Technik* – Talent für Kunst oder Handwerk

Während sich die Tugendethik darauf konzentriert, wie eine Person im Gegensatz zu ihren Taten ist, versucht sie, die Charakteristika zu identifizieren, die ein moralisches oder tugendhaftes Individuum ausmacht. In dieser Hinsicht sind die Handlungen einer Person lediglich Manifestationen ihres tugendhaften inneren Selbst, also ihrer persönlichen Moral. Taten (oder Konsequenzen) an sich lassen sich nicht als angemessene moralische Überlegungen betrachten, da dies die Tugend auf praktische Taten und Situationen beschränken würde, statt sie als einen allumfassenden Kodex aufzufassen, nach dem man sein Leben ausrichtet. Die Tugendethik strebt daher eine Moral an, anhand derer ein Individuum in allen Situationen konsequent moralische Entscheidungen trifft.

Ein wichtiger Einwand gegen die Tugendethik ist die Uneinigkeit über die Frage, was eine »Tugend« ausmacht und ob man dies auf unterschiedliche Kulturen und auf alle möglichen Umstände in angemessener Weise übertragen kann. Oder, anders ausgedrückt, ist die Liste alter griechischer Tugenden direkt auf Individuen im 21. Jahrhundert anwendbar?

METAETHIK: MORALISCHER REALISMUS IM GEGENSATZ ZUM ANTIREALISMUS

Die Metaethik ist die zweite Denkrichtung der Ethik, die sich von der normativen Ethik (siehe Seite 44) abhebt, weil sie sich auf das Wesen ethischer Aussagen, Stellungnahmen, Ansätze und moralischer Urteile beruft. Während sich die normative Ethik damit befasst, eine Grundlage für die richtige Vorgehensweise zu schaffen und Fragen wie »Was soll ich tun?« und »Wie sollen wir leben?« analysiert und dabei gewisse ethische Positionen zum Nachteil anderer Menschen billigt, beschäftigt sich die Metaethik mit Fragen wie »Wie kann ich Gut und Böse voneinander unterscheiden?« und »Was ist das Gute?« Metaethische Fragen lasen sich in drei verschiedene Bereiche einteilen:

- *Moralsemantik* – begründet die Bedeutung moralischer Terminologie oder beweist im Gegenzug die Abwesenheit der Bedeutung oder des Wahrheitsgehalts in moralischen Aussagen.

- *Moralontologische Fragestellungen* – thematisieren das Wesen moralischer Urteile und versuchen dabei zu ergründen, ob die Urteile universell oder relativ sind.

- *Moralische Epistemologie* – untersucht, wie wir moralische Urteile unterstützen oder ablehnen können, und ob es möglich ist, das Richtige vom Falschen zu unterscheiden.

Moralischer Realismus im Vergleich zu moralischem Antirealismus

Eine weit verbreitete Einstellung unter Philosophen, die sich bis zu Platon zurückverfolgen lässt, nennt sich moralischer Realismus (oder moralischer Objektivismus), d.h., es existieren solche Dinge wie moralische Fakten und moralische Werte. Sie sind objektiv und existieren neben wissenschaftlichen und mathematischen Tatsachen. Moralische Fakten sind unabhängig davon, wie wir sie wahrnehmen. Ob wir an sie glauben, oder wie unsere Gefühle und Haltungen ihnen gegenüber sind, spielt ebenfalls keine Rolle. Der moralische Realismus stellt die

Behauptung auf, dass moralische Aussagen Vernunft und Logik unterworfen werden können, um festzustellen, ob sie wahr oder falsch sind. Außerdem hält er die Ansicht aufrecht, es gebe bestimmte Aussagen, die immer richtig oder falsch sind. Das hat bei der Anwendung auf moralische Debatten einen entscheidenden Vorteil, da die Logik vorschreibt, dass zwei moralische Aussagen, die einander widersprechen, nicht gleichzeitig richtig oder falsch sein können.

Einer der Hauptkritikpunkte des moralischen Realismus läuft darauf hinaus, dass er trotz seines Beitrags zur Lösung moralischer Streitfragen kaum Erklärungen dafür liefert, wie oder warum moralische Debatten überhaupt erst aufkommen. Wenn Menschen Zugang zu moralischen Fakten haben, warum finden dann moralische Debatten überhaupt statt? Ein Versuch, solche Absonderlichkeiten aufzuklären, ist die Aufspaltung des moralischen Realismus in zwei unterschiedliche Zweige:

- *Moralischer Absolutismus* – es gibt absolute Normen, auf deren Grundlage moralische Urteile getroffen werden können. Es ist der

Glaube an moralische Tatsachen, die immer entweder richtig oder falsch sind und sich nicht aufgrund irgendwelcher Umstände verändern.

- *Moralischer Relativismus* – unterschiedliche Kulturen haben andere moralische Überzeugungen, sodass unter bestimmten Umständen mehr als eine moralische Position als richtig angesehen werden könnte. So vertreten zum Beispiel manche Kulturen bei der Todesstrafe eine Moral des »Auge um Auge«, während andere argumentieren, es sei grundsätzlich moralisch falsch, ein Menschenleben auszulöschen. Folglich kann moralischer Relativismus entweder anschaulich sein, d.h., es sind die allgemein üblichen Haltungen und Überzeugungen der Menschen innerhalb einer Kultur, die abweichen, oder er ist normativ, wenn sich die moralischen Fakten von Kultur zu Kultur unterscheiden.

Im Gegensatz zum moralischen Realismus steht der moralische Antirealismus, die metaethische Lehre, es gebe keine objektiven moralischen Werte. Mit moralischem Antirealismus kann einerseits eine Ablehnung jeglicher moralischer Eigenschaften oder aber die Billigung ihrer Existenz einhergehen, die allerdings verstandesabhängig und nicht objektiv oder unabhängig ist. Eine Form des moralischen Antirealismus ist als ethischer Subjektivismus bekannt und vertritt die Auffassung, es gebe keine objektiven moralischen Thesen. Darüber hinaus seien ethische Aussagen eigentlich willkürlich, weil sie keine unbestreitbaren Wahrheiten zum Ausdruck bringen. Stattdessen werden moralische Aussagen durch die Einstellungen oder Übereinkünfte der Beobachter richtig oder falsch, während jeder ethische Satz lediglich Haltungen, Meinungen, persönliche Vorlieben oder Gefühle impliziert, die irgendjemand als wahr erachtet. Daher muss eine Aussage, damit sie als moralisch richtig gilt, lediglich bei der in Frage kommenden Person auf Zustimmung stoßen.

Ethischer Subjektivismus behauptet auch, dass Urteile über menschliches Verhalten durch persönliche Wahrnehmungen geprägt und in vielfältiger Weise beschränkt sind. So würde beispielsweise ein Vertreter des ethischen Subjektivismus behaupten, in der Aussage »Hitler war böse« komme eine starke Ablehnung seiner historischen Gräueltaten zum Ausdruck, die nicht bekunden, dass es wahr (oder falsch) sei, ob Hitler tatsächlich böse gewesen ist. Andere sind vielleicht aus rein moralischen Gründen mit »Hitler war böse« nicht einverstanden, während sie gleichzeitig mit allen historischen Belegen und nicht wertenden Fakten Hitler betreffend übereinstimmen. Damit fällen sie kein Fehlurteil, sondern bringen lediglich eine andere Haltung und Wahrnehmung zum Ausdruck. Einer der Haupteinwände gegen die Vorstellung, es gebe keine moralischen Wahrheiten, die objektiv verifiziert werden könnten, besteht darin, dass bei dieser Idee die Moral in ein ethisches Vakuum verpflanzt wird, wo es keinen Unterschied zwischen richtig und falsch gibt, was gefährliche Auswirkungen darauf hat, wie einzelne Menschen handeln und wie Gesellschaften funktionieren.

Die Debatte zwischen moralischem Realismus (der Existenz universeller moralischer Fakten) und dem moralischen Antirealismus (der Überzeugung, es gebe keine moralischen Fakten) ist eng verknüpft mit den Schwerpunkten der Theologie (siehe Kapitel 5).

Philosophen wie J. L. Mackie (1917–1981) haben die Irrtumstheorie ersonnen und sie angewandt, um Fragen zu stellen wie die, warum das Böse existiert, wenn Gott allgütig (moralisch perfekt) ist?

Hume, Philosoph der Aufklärung

David Hume (1711–1767) war eine bedeutende Persönlichkeit in der schottischen Aufklärung (einer Gruppe von Denkern, die sich im späten 18. und frühen 19. Jahrhundert für moralische und politische Philosophie einsetzten). Sein bekanntestes Werk nennt sich *Ein Traktat über die menschliche Natur* (1740). Darin versuchte er, eine »Wissenschaft vom Menschen« zu erschaffen, um die menschliche Natur zu beschreiben und dabei umfassende Perspektiven der Wahrnehmung, Identität und Ethik zu berücksichtigen in Bezug auf Individuen und Gesellschaften. Humes ethische Position lief darauf hinaus, dass der Moral Leidenschaften, Verlangen und Empfindungen zugrunde liegen, und nicht die Vernunft. Er behauptete, Moralvorstellungen riefen Leidenschaften hervor und regten zu Handlungen an oder verhinderten sie. Die Vernunft selbst sei in diesem speziellen Fall völlig machtlos. Die Regeln der Moral könnten daher keine Schlussfolgerungen unserer Vernunft sein.

Humes Guillotine: das Sein-Sollen-Problem

Hume ist der erste Philosoph, auf den das sogenannte »Sein-Sollen-Problem« zurückzuführen ist. Im Traktat beobachtet er die Tendenz bestimmter Autoren und Philosophen, in Texten über Ethik positive und anschauliche Aussagen zu verwenden, wenn es um das geht, »was ist« (und was empirisch nachgewiesen werden kann), während sie normative Behauptungen aufstellen, wenn es um Dinge geht, die »sein sollten«. Für Hume ist nicht klar, dass es eine direkte Beziehung zwischen positiven und normativen Aussagen gibt. In welcher Hinsicht können wir in Anbetracht unseres Wissens, wie etwas *ist*, behaupten oder Bescheid wissen, wie es *sein sollte*? Das Sein-Sollen-Problem wird auch Humes Guillotine genannt, weil es die häufig implizierte (aber für Hume logisch unmögliche) Beziehung zwischen positiven und normativen Behauptungen und Aussagen aufhob.

ANGEWANDTE ETHIK: VON DER THEORIE ZUR PRAXIS

Angewandte Ethik (die dritte Denkrichtung der Ethik) ist die Anwendung ethischer Theorien auf konkrete Situationen im privaten und öffentlichen Leben. Im Allgemeinen betrifft angewandte Ethik Bereiche wie Wissenschaft, Gesundheitswesen und Medizin, darüber hinaus aber auch Wirtschaft und Politik. Zu den Beispielen bioethischer Problematik in den Biowissenschaften zählen die Verwendung menschlicher Embryos in der Forschung oder die Verteilung knapper Ressourcen in Medizin und Krankenpflege oder ökologische Themen wie Umweltverschmutzung.

Traditionellerweise wird die angewandte Ethik als separat von den normativen und metaethischen Bereichen betrachtet, da sie bemüht ist, praktische Anwendungen für die unterschiedlichen Theorien zu finden. So ist zum Beispiel die pluralistische Deontologie eine Form normativer Ethik, wie sie der schottische Philosoph W. D. Ross (1877–1971) in seinem Werk *The Right and The Good* (1930) vorschlägt. Er näherte sich der Ethik von einem konsequentialistischen und utilitaristischen Standpunkt und behauptete, dass der moralische Wert einer Handlung durch ihre Folgen bestimmt werde und es gewisse Pflichten gebe, die immer gut seien.

Ross ermittelte sieben *Prima facie*-Pflichten oder anerkannte Ethikprinzipien, die bei der Entscheidung für eine Vorgehensweise in einer beliebigen Situation beachtet werden sollten:

- *Wohltätigkeit* – die Pflicht, anderen zu helfen, um deren Freude und Wohlbefinden zu steigern, Leid und Schmerz zu verhindern oder ihr Wesen zu verbessern.

- *Nicht-Schaden* – die Pflicht, niemals wissentlich anderen durch Grausamkeit Leid oder Kummer zuzufügen.

- *Gerechtigkeit* – die Pflicht, zu gewährleisten, dass Menschen in Bezug auf Fairness und Gleichheit bekommen, was ihnen zusteht.

- *Selbstvervollkommnung* – die Pflicht, uns in praktischer und spiritueller Hinsicht zu unserem eigenen Nutzen und dem Nutzen größerer Gemeinschaften zu verbessern.

- *Wiedergutmachung* – die Pflicht, eine Person zu entschädigen oder eine Situation wiedergutzumachen, wenn durch die Folgen persönlicher Handlungen Schaden entstanden ist.

- *Dankbarkeit* – die Pflicht, Menschen gegenüber angemessene Dankbarkeit zu zeigen, wenn man ihre Hilfe in Anspruch genommen oder von ihren Handlungen profitiert hat.

- *Versprechen einhalten / Treue* – die Pflicht, aufgrund ausdrücklicher und stillschweigender Versprechen zu handeln, einschließlich des stillschweigenden Versprechens, immer die Wahrheit zu sagen (siehe Kants Kategorischen Imperativ, Seite 56).

Ross stellt im Vergleich zu seinem Pflichtenschema weder eine Bedeutungshierarche auf, noch behauptet er, dies seien die einzigen Pflichten, die Individuen beachten sollten. Einen Schwachpunkt gibt es auf seiner Liste: Unter bestimmten Umständen und bei Konflikten könnten zwei oder mehr *Prima facie*-Pflichten in Gegensatz oder Widerspruch zueinander geraten, sodass man in eine Zwickmühle geraten könnte und sich entscheiden müsste, welcher Pflicht man den Vorzug geben sollte. So könnte etwa ein Vater versprochen haben, mit seinem Kind ins Kino zu gehen, als ein Freund anruft und ihn um Hilfe bei seinem Umzug bittet. Dieser Freund hat ihm zuvor etliche Male uneigennützig geholfen und erwartet nun als Gegenleistung diesen Gefallen. Daher gerät die Pflicht der Dankbarkeit in Konflikt mit Wohltätigkeit und dem Einhalten eines Versprechens.

Allerdings führte Ross aus, es gebe in den meisten Fällen, wenn eine Entscheidung für eine Vorgehensweise anliegt, immer eine »absolute Pflicht«, die mehr Gewicht hat als andere Pflichten. Angesichts der beschriebenen Zwickmühle würden wohl die meisten Leute für Wohltätigkeit und Dankbarkeit (und für Gerechtigkeit, wie man argumentieren könnte) Partei ergreifen und ihrem Freund helfen, wenngleich sie dem Kind eine Enttäuschung bereiten und ihr Versprechen brechen. Wie andere Menschen die Folgen einer bestimmten Entscheidung einschätzen, ist problematisch. Der zeitgenössische Philosoph Shelly Kagan (geb. 1954) erklärte in *The Limits of Morality* (1989), Ross hätte statt *prima facie* den Begriff *pro tanto* verwenden müssen, was »in gewissem Maß« bedeutet, um seine Gründe für die Pflicht zu beschreiben, weil »ein *Pro tanto*-Grund einen unverfälschten Stellenwert habe, aber dennoch von anderen Erwägungen übertroffen werden könnte . . . ein *Prima facie*-Grund scheint zwar ein Grund zu sein, könnte sich aber tatsächlich als überhaupt kein Grund erweisen«. Kagans Argument lautet, dass die Bedeutung einer Pflicht von dem »gewissen Maß« abhängt, mit dem sie mit anderen Pflichten in dem Ross'schen Entwurf in Wechselwirkung steht oder in Konflikt gerät. Eine Pflicht als bedeutsamer einzustufen als eine andere, ist eine Frage des Urteilsvermögens, um eine Begründung zu liefern und ist nicht zwangsläufig als absolut anzusehen.

Whistleblower: Helden oder Verräter?

Viele Organisationen und Unternehmen verfassen Leitlinien und Verhaltensmaßregeln. In gleicher Weise haben Regierungen, Legislative (grob gesagt, die Gesetzgebungsmaschinerie), das Außenministerium sowie die Ministerien für Gesundheit, Verteidigung, Sozialhilfe und Bildung Verhaltensmaßregeln, die auf Modellen für angewandte Ethik beruhen. Diese moralischen Richtlinien sind jedoch häufig nicht verbindlich, da sie nicht »in Stein gemeißelt sind«.

Der postmoderne Philosoph Jacques Derrida (1930–2004; siehe Seite 193) bemerkte zutreffend in einem Gespräch über angewandte Ethik, dass die Allgemeine Erklärung der Menschenrechte durch die Vereinten Nationen – nach dem Zweiten Weltkrieg 1948 erstmals ratifiziert – seitdem bei zahlreichen Anlässen abgeändert und überarbeitet worden sei. Das lässt sich teilweise auf Verschiebungen und Veränderungen in der globalen Weltordnung und auf Entwicklungen in Technik, Umwelt und im soziopolitischen Klima in unterschiedlichen Regionen der Welt zurückführen. Obendrein ist es aus Derridas Perspektive ein Beweis für die Sinnlosigkeit moralischer Gesetze, die als Verordnungen verbindlich sein sollen.

Kürzlich ist das moralische Dilemma, dem sich Whistelblower aussetzen, wenn sie die moralischen und unethischen Gepflogenheiten von Organisationen und Unternehmen enthüllen, ein Kernpunkt im Streit um angewandte Ethik geworden. Einerseits kann man Whistleblower als Helden betrachten, die für die Rechte des Individuums gegen monströse bürokratische Konzerne und Institutionen einstehen, die unter dem Deckmantel der Geheimhaltung »Unrecht« tun. Andererseits werden Whistleblower häufig als Verräter dargestellt oder als Menschen, die irrationalen oder jeder Grundlage entbehrenden Groll hegen; Außenseiter, die nicht Teil des kollektiven Bewusstseins sind.

Ein Paradebeispiel für diese Gegensätzlichkeit in angewandter Ethik ist der Fall des früheren CIA-Agenten Edward Snowden. Snowden war ein Computerdatenanalyst für die US-Regierung, der 2013 geheime Informationen von der National Security Agency (NSA) kopierte und ohne Genehmigung an das Nachrichtenmagazin *Der Spiegel* durchsickern ließ. Seine Enthüllungen deckten zahlreiche globale Überwachungsprogramme auf, viele davon ausgeführt von der NSA und der Five Eyes Intelligence Alliance mit der stillschweigenden Zusammenarbeit von Telekommunikationsunternehmen

und europäischen Regierungen. Snowdens Enthüllungen waren eine Sensation und entfachten eine
Debatte über das Wesen der Privatsphäre im digita-
len Zeitalter und über das Recht von Regierungen,
ihre Bürger »auszuspionieren«.

3

Alles Wissenswerte über die

WISSENSCHAFTS-PHILOSOPHIE

Die Wissenschaftsphilosophie ist die Erforschung der Annahmen, Grundlagen und Auswirkungen der Naturwissenschaften, d.h. der Biologie, Chemie, Physik, Geowissenschaft, Medizin und Astronomie. Dabei unterscheidet man zwischen den Naturwissenschaften und den Sozialwissenschaften – Psychologie, Anthropologie, Soziologie usw. – die sich vornehmlich auf das menschliche Verhalten und gesellschaftliche Strukturen konzentrieren. Die wichtigsten Fragen in der Wissenschaftsphilosophie lauten: Was ist Wissenschaft? Wie lauten die Ziele der Wissenschaft? Wie sollten wir das durch wissenschaftliche Forschung erworbene Wissen interpretieren und anwenden? Diese letzte Frage wirft ethische Dilemmata auf, die mit der Art und Weise zu tun haben, wie Wissen erworben wird. Wir werden das in Kapitel 4 besprechen.

Mathematik beinhaltet nicht nur Wahrheit,
sondern auch allerhöchste Schönheit –
eine Schönheit kühl und streng wie die einer
Marmorstatue.

BERTRAND RUSSELL

WAS IST SZIENTISMUS?

Der Szientismus ist von zentraler Bedeutung für eine philosophische Debatte über das, was Wissenschaft ausmacht. Er unterscheidet bestimmte Wissensgebiete von der Pseudowissenschaft oder rein theoretischer Wissenschaft. Der Szientismus – ein vielgescholtener Begriff in manchen Kreisen – ist der allgemeine, allumfassende Standpunkt, dass die Annahmen und Forschungsmethoden der Naturwissenschaften (die wissenschaftliche Methode) ebenso gut auf andere Bereiche menschlichen Wissens, einschließlich Philosophie sowie Geistes- und Sozialwissenschaften anwendbar sind.

Eine Form des Szientismus ist der logische Positivismus, der die Auffassung in den Vordergrund stellt, dass »authentisches Wissen« wissenschaftliche Kenntnis ist. Es geht daher um wissenschaftlich verifizierbare und logisch oder mathematisch bewiesene Theorien. Der Positivismus behauptet, dass solches Wissen nur von der positiven Bestätigung einer Theorie durch Festhalten an eine strenge wissenschaftliche Methode kommen kann. Traditionsgemäß konzentriert sich diese Methode auf das Sammeln empirischer »Beweise«, indem man in einem Vorgang des Beobachtens und Experimentierens Daten zusammenträgt, die zur Formulierung und Überprüfung von Hypothesen führen.

Aristoteles – der als Sohn eines prominenten Athener Arztes eine spezielle Neigung zu Biologie und zur Aufdeckung der »Natur« der Dinge zeigte – soll den ersten systematischen Traktat über das Wesen der wissenschaftlichen Recherche geschrieben haben, worin es um die Beobachtung der Natur und das Schlussfolgern daraus ging. In seinen Werken *Analytica priora* und *Analytica posteriora* denkt Aristoteles zunächst über die Ziele und dann über die Methoden der wissenschaftlichen Untersuchung der Natur nach. Auch wenn seine Methode nicht fehlerlos ist, enthält sie doch einige Aspekte, die für das heutige Studium der Wissenschaft als wesentlich betrachtet wird. Aber während die Konzentration auf Empirie und sorgfältige Beobachtung zur Grundlage jeder wissenschaftlichen Untersuchung gehört, propagierte er eine Form der unvoreingenommenen Beobachtung und des nicht kontrollierten Experimentierens. Damit zielte er nicht nur darauf ab, beobachtbare Fakten um ihrer selbst willen zu sammeln, weil kontrollierte Experimente zu Theorien führen können, die ihre eigenen Objekte und vorschnell gefasste Schlüsse hervorbringen.

Aristoteles verwendet das Wort *episteme*, wenn er über die Wissenschaft schreibt, was eine Gesamtheit akkurat arrangiertes Wissen bedeutet, *nämlich die empirischen Fakten*. Wichtig dabei aber ist, wie diese Fakten angeordnet und dargestellt werden. So beeinflusst das Ziel der Entdeckung durch Beobachtung, Ordnen und Präsentation der Fakten die für eine erfolgreiche wissenschaftliche Untersuchung erforderlichen Methoden. Ein weiterer Bestimmungsfaktor ist die Art des gesuchten Wissens sowie die Funktion und die Ursachen, die mit einem bestimmten Wissenszweig verbunden sind.

Zusätzlich zur sorgfältigen Beobachtung war für die wissenschaftliche Methode des Aristoteles Folgendes erforderlich:

- Ein logisches System der Schlussfolgerung, um Fakten richtig anzuordnen und zu analysieren, aber auch um über die gesammelten Fakten hinaus Ableitungen finden oder Vorhersagen machen zu können.

- Außerdem konnten mit den Methoden des Schlussfolgerns Herleitung, Vorhersage, Vergleich oder Analogie verbunden sein.

Das in *Analytica priora* und *Analytica posteriora* skizzierte aristotelische System (samt seinen Zurückweisungen anderer Theorien oder wissenschaftlichen Methodenlehren und falschen Schlussfolgerns) wurden unter dem Titel *Organon* gesammelt, was »Instrument« oder »Werkzeug« bedeutet.

Wenn die wissenschaftliche Methode fehlschlägt

Aristoteles' Schriften über Wissenschaft und Natur hatten einen derart tiefgreifenden Einfluss auf die Naturwissenschaften, insbesondere im Mittelalter, dass einige seiner eklatanten Irrtümer mehr oder weniger wörtlich akzeptiert wurden und jahrhundertelang unwidersprochen blieben. Mit seiner *Naturgeschichte der Tiere* (ca. 350 v. Chr.) erforschte Aristoteles das Tierreich. Es war ein Versuch, seine wissenschaftliche Methode auf existierende Fakten und die Ursachen der Natur anzuwenden.

Obwohl die *Naturgeschichte der Tiere* viele bahnbrechende Beobachtungen enthielt, vor allem im Bereich der Meeresbiologie, ist sie mit einigen offensichtlichen Schnitzern behaftet. Ein ganz besonders auffälliger Irrtum war Aristoteles' Behauptung, Fliegen hätten vier Beine, wenngleich Gelehrte argumentiert haben, dies könnte ein Übersetzungsfehler sein, der unkorrigiert blieb.

Bienenkönig

Ein Abschnitt der aristotelischen *Naturgeschichte der Tiere* enthält detaillierte Beobachtungen über das Leben der Bienen. Er mutmaßte richtig, dass Bienenvölker drei unterschiedliche Typen von Bienen enthielten: Arbeiter, Dronen und einen »König«. Dass hier die »Königin« durch einen »König« ersetzt wurde, hat erhebliche Kontroversen hervorgerufen und wird von einigen Kommentatoren als Aristoteles' misogyne Einstellung Frauen gegenüber interpretiert.

Aristoteles hatte korrekt beobachtet, dass Bienen Material von Blumen sammeln, aber er glaubte, dass Blumen junge Bienen gebären und Bienen selbst nicht in der Lage wären, sich fortzupflanzen. Obendrein war er der Ansicht, dass Honig nur unter bestimmten atmosphärischen Bedingungen produziert werde. Sein Argument lautete, es gebe Jahreszeiten, in denen es Blumen im Überfluss gebe, aber kein Honig hergestellt werde. Tatsächlich ist diese Beobachtung nur teilweise falsch, da atmosphärische Störungen in der Tat die Honigproduktion beeinflussen. Aristoteles scheiterte lediglich daran, den Bestäubungsvorgang zu begreifen.

Francis Bacon – der Renaissancephilosoph

Sir Francis Bacon (1561–1626) war ein englischer Philosoph, Staatsmann, Politiker, Rechtsanwalt und Schriftsteller und obendrein eine Leitfigur der englischen Renaissance. Als produktiver Autor schrieb er philosophische Werke über eine Vielzahl von Themen, einschließlich Wissenschaft, Theologie, Ethik, Politik und das Rechtswesen. Am besten in Erinnerung ist er wegen seines Beitrags zur Wissenschaftsphilosophie, insbesondere für seinen Text *Novum Organum* von 1620 (was »neues Instrument« bedeutet), der Grundlage für die sogenannte »Baconsche Methode«.

Bacons *Novum Organum* war ein Versuch, ein neues System der wissenschaftlichen Untersuchung zu formulieren, das eine Abkehr von der aristotelischen Methode sein sollte, die einen tiefgreifenden Einfluss auf die mittelalterliche Wissenschaft gehabt hatte.

Während Aristoteles' Methode ihr logisches Schlussfolgern mithilfe von Trugschlüssen durchführte – eine Form des deduktiven Schlussfolgerns, das auf zwei oder mehr miteinander in Beziehung stehenden und für wahr gehaltenen Prämissen beruht –

wandte Bacons Methode das »induktive Schlussfolgern« an.

Das induktive Schlussfolgern ist eine Methode des Schlussfolgerns, bei der die Prämissen so betrachtet werden, als lieferten sie gewisse Anzeichen für die Wahrheit der Schlussfolgerung. Ist die Schlussfolgerung aus einem deduktiven Argument gewiss, kann ihre Wahrheit aus einem induktiven Argument wahrscheinlich sein, sofern sie auf dem erfassten und dargelegten Nachweis beruht. Bacon erwähnt das Beispiel einer Untersuchung der Ursache einer »Naturerscheinung« wie Wärme.

- Zuerst listet der Wissenschaftler alle möglichen Situationen auf (A), in denen Wärme entsteht und sich beobachten lässt.

- Liste B notiert dann Zustände, die mit denen in Liste A vergleichbar sind, wo aber keine Wärme präsent ist.

- Die dritte und endgültige Liste (C) wird erstellt, in der die Anwesenheit oder Abwesenheit von Wärme variabel sein kann.

Bacon behauptet, um die Ursache (natürliche Eigenschaften) der Wärme nachweisen zu können, werde eine vergleichende Analyse aller drei Tabellen ergeben, dass Wärme mit allen Vorgängen auf Liste A übereinstimme, keinem Vorgang auf Liste B entspreche und in allen Fällen auf Liste C variiere.

Novum Organum spielte in der historischen Entwicklung der wissenschaftlichen Methode eine große Rolle. Bacons Technik ähnelt dem modernen wissenschaftlichen Ansatz, weil sie auf experimenteller Forschung beruht und sich vom aristotelischen Misstrauen gegenüber kontrollierten Experimenten abwendet.

Bacons Betonung auf der Verwendung künstlicher Bedingungen, um zusätzliche Beobachtungen eines Phänomens zu gewährleisten, brachte unter anderen Voltaire dazu, ihn als »den Vater der Experimentellen Philosophie« zu preisen. Bacons Überzeugung, dass die Naturphilosophie mit dem Sinnesnachweis beginnen müsse, war eine radikale Abkehr von der wissenschaftlichen Tradition, und die daraus resultierende Methode der eliminativen Induktion war einer der nachhaltigsten Beiträge zu Wissenschaft und Philosophie.

Bacons Entwicklung eines »neuen Instruments« für die wissenschaftliche Forschung erwies sich aber auch als verhängnisvoll. Nachdem er infolge eines Korruptionsskandals aus dem Parlament ausgeschlossen wurde, widmete er den Rest seines Lebens der Aufzeichnung und Durchführung wissenschaftlicher Experimente. Er starb 1626 an einer Lungenentzündung. Wahrscheinlich hatte er zu viele Stunden damit verbracht, zu überprüfen, ob sich Fleisch in zusammengepresstem Schnee konservieren ließ.

WANN IST EINE WISSENSCHAFT UNWISSENSCHAFTLICH?

Ein wichtiger Punkt in der Wissenschaftsphilosophie ist die Diskussion, die bemüht ist, eindeutig zwischen Wissenschaft, Nicht-Wissenschaft und Pseudowissenschaft zu unterscheiden. In historischer Hinsicht haben sich die wichtigsten Streitpunkte auf die Unterscheidung zwischen »reiner Wissenschaft« und Religion beziehungsweise Theologie festgelegt. Es mag absurd erscheinen, dass so ein grundlegendes Problem immer noch grassiert und ungelöst bleibt, ganz besonders in der abendländischen Welt, aber gleichermaßen lautstark in anderen Weltgegenden, wo religiöse Ideologien einen großen Einfluss auf die politisch Mächtigen und auf gesellschaftliche Strukturen haben.

Während die Dreifach-Debatte zwischen Vertretern des »Evolutionismus«, des »Kreationismus« und der »Theorie des intelligenten Designs« in Kapitel 5 geführt wird, gibt es andere Bereiche der Philosophie, einschließlich Metaphysik und Ethik, die auch von jenen mit Argwohn behandelt wurden, die die »reine Wissenschaft« befürworten. Wie wir bei den wissenschaftlichen Methoden von Aristoteles und Bacon gesehen haben, gehören folgende Kriterien zur Begründung einer Wissenschaft:

- Die Formulierung von Hypothesen, die das logische Kriterium der Kontingenz (Möglichkeit, Zufälligkeit) erfüllen. Das heißt, Theorien und Vorstellungen, die weder zwangsläufig wahr, noch falsch sind.

- Hypothesen, die einem Vorgang unterzogen werden können, der in der Lage ist, sie nicht zu bestätigen.

- Überprüfbare Hypothesen, die nachweisen, dass sie unter Umständen als wahr oder falsch betrachtet werden können.

- Das Sammeln empirischer Beweise durch Beobachtung, die anschließend anhand der Strenge logisch wissenschaftlicher Methodik analysiert werden können.

Empirismus und der spätere Positivismus begründeten die Wissenschaft mit einer äußerst disziplinierten, nahezu obsessiven Beobachtung und setzten sich für eine systematische Reduzierung allen menschlichen Wissens auf logische, mathematische und wissenschaftliche Grundlagen ein. Diese Perspektive entwickelte sich zum großen Nachteil für andere Disziplinen und Bereiche der Philosophie, einschließlich der Metaphysik, Theologie, des Spiritismus und der Sozialwissenschaften, da sie nunmehr als Nicht-Wissenschaften galten, weil sie nicht beobachtend waren.

Dieser philosophische Standpunkt ist als *Verifikationismus* bekannt und schreibt vor, dass nur Behauptungen oder Aussagen, die empirisch verifizierbar (d. h. durch die Sinne erfahrbar) sind, geistig bedeutsam sind oder als logisch wahr dargestellt werden können. Allerdings fand das Projekt des logischen Positivismus viele Kritiker, hauptsächlich weil der Verifikationismus in gewisser Hinsicht mehr Tore zu menschlichem Wissen verschloss als zu öffnen.

Karl Popper und der Skeptizismus

Karl Popper (1902–1994) war der Sohn einer wohlhabenden Familie in Wien, wo er Philosophie, Psychologie und Mathematik an der Universität studierte. Als Student zeigte er Interesse für den Marxismus und war ein Mitglied der Sozialdemokratischen Arbeiterpartei, einer Organisation, die damals leidenschaftlich marxistisch war.

Wien war in den 1920er-Jahren eines der Zentren für europäische Intellektuelle. Sigmund Freud und Alfred Adler leisteten psychologische Pionierarbeit, während im Bereich der Philosophie und Logik eine Gruppe Akademiker den Wiener Kreis gründeten. Es war der vom Wiener Kreis vorgeschlagene und in Mode gekommene logische Empirismus mit der Betonung auf den Naturwissenschaften, der zum

Ausgangspunkt für Poppers Vorstellungen über wissenschaftliche Methoden wurde.

Im Lauf der 1930er-Jahre wandte sich Popper enttäuscht vom Marxismus ab und distanzierte sich allmählich vom logischen Empirismus. Im Jahr 1934 veröffentlichte er das Werk *Logik der Forschung. Zur Erkenntnistheorie der modernen Naturwissenschaft*, in dem er den logischen Empirismus und die wissenschaftlichen Methoden, die auf induktiver Schlussfolgerung beruhten, in Frage stellte. Nach Poppers Ansicht war wissenschaftliche Erkenntnis nicht anhand einer Beziehung zwischen Hypothese und Beweis verifiziert. Er behauptete, der klassische Ansatz zur Wissenschaft, der die Bildung von Hypothesen mit sich bringt, gefolgt von der Bestätigung der Theorie durch wiederhole Experimente und Beobachtung, sei fehlerhaft. So vertritt zum Beispiel ein Wissenschaftler die Hypothese, dass die Krankheit Morbus Crohn zu Anämie führen kann. Der Wissenschaftler beobachtet eine Auswahl Patienten mit dieser Diagnose und stellt fest, dass sie alle Anämie in unterschiedlichen Ausmaßen entwickeln, daher kommt er zu dem Schluss, dass die Beziehung zwischen seiner ursprünglichen Hypothese und dem von ihm zusammengetragenen Beweismaterial seine Theorie bestätige.

In diesem Beispiel, lautete Poppers Einwand, würden nur zwei Patienten, die keine Anämie entwickelten, die ursprüngliche Hypothese widerlegen, weshalb auch noch so viele Beobachtungen niemals tatsächlich den absoluten Beweis jenseits aller Zweifel erbringen würden. Dieses Wechseln der Gewichtung war für Popper der einzige Weg, wie die Wissenschaft voranschreiten könnte – nicht durch den Nachweis, was durch Beobachtung bestätigt zu sein scheint, sondern durch das Aufdecken von Beispielen, bei denen sich die Hypothese oder Theorie als falsch erweist. Popper nannte diesen Vorgang »Falsifikation«.

Um auf das Beispiel mit Morbus Crohn und der Entwicklung von Anämie zurückzukommen: Auch wenn eine große Zahl der Patientengruppe die sekundäre Krankheit entwickelte, war dies bei etlichen Patienten nicht der Fall. Die Schlussfolgerung lautet deshalb, es gebe eine Wahrscheinlichkeit oder es sei nicht ungewöhnlich, dass Morbus Crohn-Patienten Anämie entwickelten, weil der Nachweis »gut untermauert« sei. Popper erklärte, dass in der

Wissenschaft auf der Suche nach der Wahrheit viel zu häufig »Bekräftigung« mit Bestätigung verwechselt werde, und dass sich die eigentliche Wahrheit einer Hypothese auf die Beispiele verlasse, bei denen es eine Nichtübereinstimmung zwischen Theorie und Beweis gebe.

Thomas Kuhn und der Paradigmenwechsel

Der amerikanische Physiker und Philosoph Thomas Kuhn (1922–1996) sorgte 1963 für Furore, als er in der langanhaltenden Debatte über Wissenschaft gegen Nichtwissenschaft sein Buch *Die Struktur wissenschaftlicher Revolutionen* veröffentlichte. Kuhn wurde in Cincinnati geboren und studierte Physik und Mathematik an der Harvard University, wo er 1949 unter dem Physik-Nobelpreisträger John Van Vleck promovierte. Anschließend lehrte Kuhn Philosophie und Wissenschaftsgeschichte an der University of California in Berkeley. In diesem Zeitraum begann er, seine Ideen über die Entwicklung wissenschaftlicher Erkenntnis im Lauf der Geschichte zu entwerfen.

Er prägte den Begriff »normale Wissenschaft«, um die herkömmlichen Ansätze zur wissenschaftlichen Methode zu beschreiben, d. h. die Überprüfung der Hypothesen durch Beobachtung, um die Bestätigung einer Theorie zu formulieren und bereitzustellen. Allerdings definierte Kuhn die normale Wissenschaft auch als einen Prozess des Problemlösens im Rahmen eines zentralen Paradigmas. Er behauptete, dass wissenschaftliche Erkenntnis nie in linearer Form voranschreite, sondern vielmehr aus einer Reihe zentraler Paradigmen bestehe, die durch eine Übereinkunft der wissenschaftlichen Gemeinde die Norm blieben, bis ein Problem oder ein Rätsel unüberwindbar werde. An diesem Punkt »verlagert« das Zentralparadigma seinen Schwerpunkt und wird durch ein neues Paradigma ersetzt, das neue rätselhafte Phänomene lösen soll. Ein grundlegendes Beispiel ist die Aussage von Nikolaus Kopernikus (1473–1543), die Sonne und nicht die Erde befinde sich im Zentrum des Sonnensystems.

Kuhn skizzierte drei unterschiedliche Stufen, die die wissenschaftliche Erkenntnis durchläuft:

- Die erste nannte er »Vorwissen« – ein geniales Wortspiel mit dem lateinischen Wort *praescientia*, was sowohl Vorwissen als auch, »vor der Wissenschaft« (engl.: »pre-science«) bedeutet. Das Vorwissen hat kein zentrales Paradigma, um zu unserem kopernikanischen Modell und der Bewegung von Himmelskörpern zurückzukehren. Auf dieser Stufe wird festgestellt, dass die Sonne ihre Position verändert, aber es gibt kein Modell, das die Gründe dafür erklärt.

- Die normale Wissenschaft beobachtet dann die Bewegungen der Sonne und stellt fest, dass sich die Sonne um die Erde dreht, was zum zentralen Paradigma wird. Im Lauf der Zeit gerät die von Astronomen betriebene normale Wissenschaft jedoch in Schwierigkeiten, da nicht alle rätselhaften Phänomene – hier sind es die Bewegungen anderer Planeten – zum Paradigma passen.

- Kopernikus veröffentliche 1534 sein Werk *De revolutionibus orbium coelestium* (Über die Kreisbewegungen der Weltkörper) und rief damit einen Paradigmenwechsel hervor, indem er das alte Paradigma durch ein neues zentrales Paradigma ersetzte, reichlich versehen mit einigen neuen Rätseln, die gelöst werden mussten.

Kuhn behauptete, dass ein neues Paradigma hauptsächlich deshalb akzeptiert wird, weil es auf überlegene Weise Probleme löst, die im Prozess der normalen Wissenschaft entstehen. Die Pseudowissenschaft oder Nicht-Wissenschaft lässt sich alsdann durch das Scheitern definieren, Erklärungen innerhalb eines solchen Paradigmas zu liefern. Dieser Einwand lässt sich als eine Widerlegung der Popperschen Falsifikationstheorie erachten, da das Scheitern bei der Lösung von Rätseln innerhalb eines akzeptierten Paradigmas nicht als Scheitern einer Methode oder als Unfähigkeit, Hypothesen zu bestätigen, betrachtet wird, sondern lediglich als Scheitern des Forschers und daher nicht die Funktionsfähigkeit des zentralen Paradigmas entkräftet.

Paradigmenwechsel verzichten nicht auf Erkenntnisse, die im Rahmen vorangegangener Paradigmen entdeckt wurden, sie integrieren dieses Wissen in neue Paradigmen.

Auf diese Weise schreitet die Wissenschaft nicht allein durch allmähliches Aufbauen auf den Werken der Vergangenheit voran, wie immer vermutet wurde, sondern durch eine Reihe von Revolutionen, in denen die Denkrichtungen in der wissenschaftlichen Gemeinde komplett umgelenkt werden. Die *Struktur wissenschaftlicher Revolutionen* war unglaublich beliebt, sowohl in akademischen Kreisen als auch bei einem größeren Laienpublikum. Es ist einer der großen populärwissenschaftlichen Texte des 20. Jahrhunderts.

ANARCHIE IN DER WISSENSCHAFT

Paul Feyerabend (1924–1994) wurde in Wien geboren und studierte Philosophie und Wissenschaftsphilosophie bei Karl Popper an der London School of Economics. Feyerabend hatte ursprünglich vom British Council ein Stipendium gewährt bekommen, um mit Poppers Erzfeind, Ludwig Wittgenstein (1889–1951), zu arbeiten, aber durch Wittgensteins frühen Krebstod im Jahr 1951 gelangte Feyerabend nach London. Schon früh in seiner akademischen

Laufbahn wurde Feyerabend von Poppers Theorien des »Falsifikationismus« (siehe Seite 94) beeinflusst, aber nachdem er eine Stelle an der University of California in Berkeley angenommen hatte, entwickelte er eine radikale Theorie der Wissenschaftsphilosophie, die zum Teil durch Vorstellungen seines Kollegen Thomas Kuhn geprägt waren.

In seinem bahnbrechenden und umstrittenen Buch *Wider den Methodenzwang* (1975) behauptet Feyerabend, die Wissenschaft nehme keinen besonderen Rang mehr hinsichtlich ihrer Logik und Methoden ein, und es gebe keine Methode innerhalb der Geschichte wissenschaftlicher Praxis, die nicht an irgendeinem Punkt der voranschreitenden wissenschaftlichen Erkenntnis verletzt worden wäre, sodass jeder von Wissenschaftlern verkündete Anspruch auf besondere Autorität nicht aufrechterhalten werden könne.

Feyerabend stand jeglicher führenden Methode kritisch gegenüber, die darauf abzielte, die Qualität wissenschaftlicher Theorien durch den Vergleich mit bekannten Tatsachen zu beurteilen. Feyerabend erweiterte Kuhns Ideen über Paradigmenwechsel und wissenschaftliche Revolutionen und behauptete, dass frühere Theorien natürliche Interpretationen beobachteter Phänomene beeinflussen könnten. Die wissenschaftliche Methodik trifft indirekte Vermutungen, wenn sie wissenschaftliche Theorien zu Fakten in Beziehung setzt, die durch Beobachtung bestimmt werden. Für Feyerabend besteht das Problem darin, dass diese Mutmaßungen anschließend abgeändert werden müssen, damit die neue Theorie mit den neuen Beobachtungen übereinstimmt. Diese Ansicht wird am besten durch Feyerabends Maxime zusammengefasst, dass es in der Geschichte der Wissenschaft zwar »Wandel«, aber nicht zwangsläufig »Fortschritt« gebe.

Feyerabend befürwortete einen anarchistischen Ansatz zur Wissenschaft, der Bereiche umfasste, die im herkömmlichen Sinn als Pseudowissenschaften galten, wie etwa übernatürliche Phänomene, Astrologie und das Okkulte. Er war davon überzeugt, dass die strenge empirische Struktur wissenschaftlicher Methoden die Kreativität hemmte und daher eine Behinderung für die Entwicklung wahrer Erkenntnis sei.

Feyerabend: der müßige Philosoph

Er war nicht gerade ein Mann, der die protestantische Arbeitsethik befürwortete. In seinem posthum veröffentlichten und treffend betitelten Werk *Zeitverschwendung* (1995) betrachtete Feyerabend seine akademische Laufbahn lediglich als ein Mittel, um Geld zu verdienen und zwischen vergnüglicheren und lohnenswerteren Beschäftigungen wie vor allem Kochen, Essen, Trinken und Opernbesuchen Zeit totzuschlagen. 1974 wurde er Professor an der University of Sussex. Zu diesem Zeitpunkt war er ein weltberühmter Gelehrter, und seine Sussex-Vorlesungen wurden legendär (jedenfalls wenn sich der unwillige Philosoph dazu bequemte, aufzukreuzen und sie tatsächlich hielt). Hunderte Zuhörer kamen, darunter viele Nichtstudenten. Doch trotz seiner Popularität bei seinen Studenten schied er nach nur zwei Monaten aus, weil die Universität ihn darauf verpflichten wollte, zwölf Stunden in der Woche zu arbeiten. »Eine Vorlesung pro Woche und der Rest Tutorien mit Studenten war mir zu viel schwere Arbeit«, bemerkte er. Nomen est Omen. Er freute sich wohl stets auf den Feierabend.

Das Turmargument

Das Paradebeispiel für den Einfluss fragwürdiger natürlicher Interpretationen in der Wissenschaft, gegen das Feyerabend in *Wider den Methodenzwang* Einwand erhob, war das sogenannte »Turmargument«. Seit der Zeit von Aristoteles war die Physik einer geozentrischen Sicht der Ordnung des Weltalls gefolgt: Die Erde befand sich in fester Position, während sich Sonne und Sterne um sie drehten. Mit der Veröffentlichung von *Über die Bewegungen der Weltkörper* hatte Nikolaus Kopernikus 1543 ein heliozentrisches Modell des Kosmos eingeführt, in dem die Sonne im Mittelpunkt des Universums stand. Die kopernikanische Theorie war zu der Zeit umstritten und geriet in Konflikt mit der Katholischen Kirche, die glaubte, die Platzierung der Sonne ins Zentrum des Universums stünde im Widerspruch zur Heiligen Schrift. So stellt Psalm 104:5 in der Bibel fest: »Er hat die Erde gegründet auf ihren Grundfesten. Sie wird nicht wanken immer und ewig«.

Das Turmargument war einer der Haupteinwände gegen die Theorie der beweglichen Erde. Die Anhänger des Aristoteles nahmen an, die Erde sei unbeweglich, denn werfe man einen Stein von einem Turm, lande er direkt unter ihm. Den aktuellen Beobachtungen von beweglichen Objekten zufolge müsste der Stein im Fallen »zurückbleiben« und in einem diagonalen Winkel fallen. Da der Stein jedoch senkrecht zum Turm falle und an seinem Sockel lande, nahm Aristoteles dies als Beweis dafür an, dass sich die Erde nicht bewegt. Galileo Galilei (1564–1642) war ein früher Befürworter der kopernikanischen Ideen und geriet bald selbst in Konflikt mit der katholischen Obrigkeit. Obwohl seine Werke von der Inquisition unterdrückt wurden, habe Galilei jedoch, so folgert Feyerabend, nicht versucht, seine Beobachtungen an ein akzeptiertes Modell anzupassen, sondern im Namen der wissenschaftlichen Wahrheit die ganze Methodik auf den Kopf gestellt.

4

Alles Wissenswerte über die

PHILOSOPHIE
DER POLITIK UND
DER MACHT

Politische Philosophie ist die Analyse grundlegender Fragen, Regierung und Staat betreffend. Dazu gehören Vorstellungen über Freiheit, Gerechtigkeit und Recht. In den üblichen Diskussionen über politische Philosophie geht es um die Rolle und Verantwortlichkeit von Individuen und Gruppen in der Gesellschaft. Dabei kommen Fragen ins Spiel wie: Was ist eine Regierung? Sind Regierungen nötig?

Wie ist politische Macht legitimiert? Welche grundlegenden Rechte und Freiheiten sollte eine Regierung schützen? Allerdings geht es in der Philosophie der Macht weniger um praktischen Nutzungen politischer Systeme und staatlicher Organisation, vielmehr wird ein theoretischer Ansatz dafür benötigt, wie Macht in Gesellschaften funktioniert.

Wie in den meisten Bereichen der Philosophie lässt sich auch hier die Tradition der abendländischen politischen Philosophie bis ins Griechenland der Antike zurückverfolgen, wo Stadtstaaten viele Formen politischer Organisationen entwickelten und damit experimentierten. So ist zum Beispiel der Begriff »Demokratie« (ein häufig missbrauchtes, unterschlagenes und problematisches Konzept) von dem griechischen *dēmokratía* abgeleitet, das sich aus den Worten *dēmos* (Volk) und *kratos* (Herrschaft) entwickelte. Daher bedeutet Demokratie wörtlich Herrschaft des Volkes. Zu den bedeutendsten klassischen Werken politischer Philosophie gehören Platons *Der Staat*, Aristoteles' *Politik*, Thomas Hobbes' *Leviathan* (1651) und Niccolò Machiavellis *Der Fürst* (1532).

PLATONS STAAT: DER »GERECHTE« MANN UND DER »GERECHTE« STAAT

Das berühmteste und wahrscheinlich einflussreichste Werk Platons ist in einer Reihe sokratischer Dialoge enthalten, die insgesamt als *Der Staat* bekannt sind. Sokrates diskutiert mit verschiedenen prominenten Athenern und Freunden, vor allem mit Platons Brüdern, die Bedeutung des Prinzips Gerechtigkeit und wie sie auf Individuen und die breitere Gesellschaft Anwendung findet. Sokrates untersucht eine Reihe von Fragen wie »Verhalten sich Menschen gerecht, weil es von vornherein gut für sie ist?« und »Ist Gerechtigkeit daher eine gute Sache an sich?« Wie sollten wir also Gerechtigkeit endgültig definieren, und ist der gerechte Mensch, sobald wir diese Definition haben, glücklicher und gerechter als der ungerechte Mensch?

Platon beziehungsweise Sokrates skizziert eine dreiteilige hierarchische Struktur der menschlichen Seele, die sie für unsterblich halten, die aber von der materiellen Welt der Objekte verdeckt wird:

- An der Spitze stehen der rationale und intellektuelle Teil der Seele, der Wahrheit, Erkenntnis und Verstehen sucht und die Grundlage für die philosophische Praxis.

- Darunter befindet sich ein temperamentvoller Teil der Seele, der den Vorstellungen von Ehre und Pflicht verpflichtet ist und leidenschaftliche Gefühle der Wut, Empörung und Rechtschaffenheit hervorruft.

- Drittens gibt es einen begehrenden Teil der Seele, der darauf aus ist, unsere grundlegenden Ansprüche und Bedürfnisse zu befriedigen, der jedoch durch Lust und Begehrlichkeiten korrumpiert werden kann. Damit ein Individuum eine »gerechte« Seele haben kann, müssen alle drei Teile in einem harmonischen Machtverhältnis zueinander stehen.

Der rationale Teil der Seele muss dominieren und bestimmen, unterstützt dabei vom temperamentvollen Teil, während der begehrende Teil sich allem unterwerfen muss, wohin Vernunft und Urteil führen.

Dann schlägt Platon vor, eine gerechte Seele sei das Abbild einer gerechten oder idealen Gesellschaft (d.h. des Staates aus dem Titel des Werks). Daher enthält die Gesellschaft, genau wie die Seele, eine dreiteilige hierarchische Struktur. An der Spitze stehen »die Wächter«, die Platon als »Philosophenkönige« bezeichnet, die Hüter von Weisheit und Vernunft, denen die besten Belange des Volkes am Herzen liegen. Die Wächter werden von den »Hilfstruppen« oder »Soldaten« unterstützt, deren Job es ist, durch Stärke und Loyalität die Werte von Ehre und Pflicht zu schützen und aufrechtzuerhalten. Und am untersten Ende stehen die Kunsthandwerker oder »Produzenten«, die dem begehrenden Element der Seele entsprechen, das sind die Handwerker und Arbeiter. Eine »gerechte« Gesellschaft existiert dann, wenn die Beziehung zwischen den drei Teilen ein harmonisches Gleichgewicht beibehält. Jede Gruppe muss seine erforderliche Rolle – und nur diese Rolle – spielen und muss die angemessene Machtposition im Verhältnis zu den anderen Gruppen aufrechterhalten.

Die »Philosophenkönige« sind daher für Entscheidungen und die Regelwerke verantwortlich, die

»Hilfstruppen« müssen die Prinzipien der Herrscher durchsetzen, während sich die »Produzenten« auf die Ausübung der Talente und Fertigkeiten, die ihnen die Natur verlieh, beschränken sollten, um für die grundlegenden Bedürfnisse der Gesellschaft zum Überleben (Lebensmittel, Zuhause, Kleidung usw.) zu sorgen.

In diesem Sinn ist für Platon Gerechtigkeit ein Prinzip zusammenhängender Spezialisierung: ein Kodex, der jede Person dazu verpflichtet, die gesellschaftliche Rolle zu erfüllen, die ihnen die Natur zugedacht hat und sich nicht in die Angelegenheiten jenseits ihres definierten Aufgabenbereichs einzumischen.

Wie Platon schreibt: »Und gewiss auch, dass das Seinige zu tun und nicht vielerlei zu treiben, Gerechtigkeit ist«. Oder, einfach ausgedrückt: Im »gerechten Staat« hat jede Klasse und jedes Individuum eine bestimmte Pflicht, Rolle und Schuldigkeit gegenüber der Gemeinschaft, die, wenn jeder sie erfüllt, zu einer harmonischen Gesellschaft führt. Wenn eine Person ihre Pflichten erfüllt, erhält sie jede Anerkennung und jede Belohnung, die sie verdient, scheitert sie jedoch in ihrer Rolle oder überschreitet sie ihre Grenze, wird sie auf angemessene Weise bestraft.

ARISTOTELES' *POLIS* – EINE UTOPIE DES GLÜCKS

Am Schluss der *Nikomachischen Ethik* behauptet Aristoteles, jegliche Analyse individueller Ethik werde auf natürliche Weise in die Ethik von Gemeinschaften und des öffentlichen Lebens münden, in den Bereich des Politischen also, da der »Mensch ein politisches Tier« sei. In seinem Werk *Politik* analysiert Aristoteles die unterschiedlichen Verfassungen und Methoden der Staatsführung dessen, was er die *polis* oder griechische Stadtstaaten nennt wie etwa sein heimisches Athen. So bedeutet der Begriff »Politik« wörtlich Angelegenheiten, die die *polis* (Stadt) betreffen.

Für Aristoteles ist die *polis* die herausragendste Form der politischen und gesellschaftlichen Verbindung. Sie unterscheidet sich von anderen Formen gemeinschaftlicher Partnerschaften wie Haushalte oder Dörfer hinsichtlich ihrer Größe und ihres Geltungsbereichs. Es ist das Ziel der *polis*, ihre Bürger zu ermutigen, ein ausgezeichnetes und tugendhaftes Leben zu führen, weil das öffentliche Leben Vorrang vor Privatangelegenheiten hat.

Das Buch *Politik* beginnt mit der Besprechung und Analyse von Formen der Verfassung und der politischen Organisation. Aristoteles kritisiert Platons *Der Staat* und vertritt die Auffassung, es sei dessen zentraler Grundsatz, dass Bürger der *polis* so viel wie möglich miteinander teilen sollten, einschließlich Frauen, Kinder und Besitz. Dagegen ist es das Ziel der aristotelischen Gemeinden, Einheit herzustellen, aber Aristoteles behauptet, dass Städte ihrem Wesen nach Orte der Pluralität sind, da unterschiedliche Leute verschiedene Beiträge leisten, andere Rollen ausfüllen und zu separaten gesellschaftlichen Klassen gehören. Diese Pluralität ist nötig, damit Städte funktionieren, und um Autonomie und Selbstständigkeit zu bewahren. Er kommt zu dem Schluss, dass vergangene und zeitgenössische Städte und Theorien der politischen Organisation kein Ideal der Form oder des Zwecks erreicht haben.

Aristoteles zufolge gibt es sechs verschiedene städtische Kategorien mit zusammengehörigen verfassungsmäßigen Strukturen. Drei davon sind positiv und gut, die anderen drei sind negativ und schlecht. Zu den positiven gehört sein Begriff *politeia*, die verankerten verfassungsmäßigen Rechte von Bürgern in einem Stadtstaat, in einer Aristokratie oder in einer Monarchie. Die negativen Strukturen sind Demokratie, Oligarchie und Tyrannei. Er behauptet ebenfalls, die Tyrannei sei eine unangemessene Regierungsform, weil sie sich allein auf die Interessen der herrschenden Klasse konzentriert. Die Oligarchie wiederum dreht sich einzig und allein um die Interessen der Reichen, während die Demokratie eine Form der Pöbelherrschaft darstelle:

Die Tyrannis ist nämlich die Herrschaft eines Einzigen, lediglich zum Besten des Herrschers; die Oligarchie zum Besten der Wohlhabenden und die Demokratie zum Besten der Armen; den Nutzen für das Gemeinsame hat aber keine derselben zum Zweck (...) Die Tyrannis ist nur, wie gesagt, die Herrschaft eines Einzigen, welcher über die staatliche Gemeinschaft nach Art des Herrn über die Sklaven herrscht; die Oligarchie ist dann vorhanden, wenn die Vermögenderen Herren des Staates sind; die Demokratie dagegen dann, wenn nicht die Vermögenderen, sondern die arme Menge herrscht.

ARISTOTELES – *POLITIK*, BUCH III

Für Aristoteles sollte eine gesunde politische Organisation auf den Prinzipien der Verteilungsgerechtigkeit beruhen, die verfügt, dass gleiche Menschen gleich behandelt werden sollten, während ungleiche Menschen ungleich behandelt werden. Menschen sollten entsprechend ihren Beiträgen zum Gemeinschaftsleben der Bürger der Stadt wertgeschätzt werden. Aristoteles behauptet, wenngleich eine verfassungsgemäße Regierung (*politeia*) mit ihren hoheitlichen Gesetzen die ideale Form politischer Organisation bleibe, könnte ein König oder eine Königin, falls er oder sie die Interessen der Bürger als unantastbar erachte, in manchen Situationen gleichermaßen effektiv sein.

Nachdem Aristoteles mehrere Regierungsformen besprochen hat, kommt er zu dem Schluss, dass eine effektive politische Organisation von einer starken, gebildeten Mittelklasse profitiert, die zwischen den gegensätzlichen Interessen der reichen Aristokratie und der »notleidenden« Armen vermitteln kann. Er teilt die Pflichten der Regierung in beratende Funktionen (Planung), die Rechtsstaatlichkeit betreffenden Rechtsangelegenheiten und die Entscheidungsfindung der Exekutive zum Wohl der Bürger als Ganzes ein. Verfassungen scheitern, wenn ein großes, der herrschenden Klasse feindlich gesinntes Lager sich erhebt und versucht, den Status Quo über den Haufen zu werfen. Aristoteles warnt davor, dass der Ausschluss von Minderheiten, die der Macht beraubt sind, eine Dummheit sei, und dass Regierungen mit Mäßigung, Klugheit und Respekt gegenüber allen handeln sollten, um die Stabilität in der Stadt zu bewahren.

Während sich Aristoteles seine ideale *polis* vorstellt, verkündet er, dass es das eigentliche Anliegen der Regierung sein sollte, jedem Bürger zu ermöglichen, Glück, Tugend und Lebensqualität zu erlangen. Tugend lässt sich durch die freie Ausübung spekulativen Schlussfolgerns und Nachdenkens erreichen. Städte sollten nur bis zu einer beherrschbaren Größe anwachsen. Groß genug, um selbstständig zu sein, aber klein genug, damit die Bürger am Militärdienst, an den Regierungsangelegenheiten und am Gottesdienst teilhaben können und einen Anteil am Landbesitz haben. Doch glaubte Aristoteles nicht daran, dass man von den Bürgern erwarten sollte, die Rolle von Platons »Produzenten« zu spielen, da handwerkliche Tätigkeiten und die Herstellung von Lebensmitteln die Pflicht von Nicht-Bürgern sein sollte.

> *... dass im vollkommenen Staat (...) Bürger (...) weder als Banausen noch als Krämer leben dürfen (denn ein solches Leben ist unedel und der Tugend widersprechend); ebenso wenig dürfen diejenigen, die vollkommene Bürger werden wollen, Bauern sein (denn es bedarf der Muße, damit die Tugend entstehen und politisch gehandelt werden kann).*
>
> ARISTOTELES – POLITIK, BUCH VII

Schließlich gibt es noch die aristotelische Vorstellung von »Muße« – ein Bildungsprogramm, das Lesen, Schreiben, Philosophie, Kunst, Leibesübungen und Musik zur Förderung der Lebensqualität, der Tugendhaftigkeit und der moralischen Güte umfasst.

HOBBES' *LEVIATHAN* UND DER GESELLSCHAFTSVERTRAG

Thomas Hobbes (1588–1679) kam in Malmesbury, Wiltshire, zur Welt, angeblich am Vorabend der Ankunft der Spanischen Armada, eine Behauptung, die Hobbes gern aufstellte, wenngleich die Armada tatsächlich erst etwa einen Monat nach seiner Geburt die Segel setzte. Als Sohn des örtlichen Pfarrers wurde er zunächst von der Kirche und von Privatlehrern erzogen, bevor er auf die University of Oxford ging. Als talentierter Gelehrter umfasste sein Werk die Geschichte der Antike – im Jahr 1628 verfasste er die erste englische Übersetzung von Thukydides *Der Peloponnesische Krieg* –, Geometrie, Wissenschaft und Theologie. Doch es war das Gebiet der politischen Philosophie, um das sich Hobbes am verdientesten gemacht hat, vor allem durch sein bahnbrechendes Werk *Leviathan* (1651), das er auf dem Höhepunkt des englischen Bürgerkriegs schrieb.

In *Leviathan* war es Hobbes' Absicht, für die Analyse menschlichen Verhaltens wissenschaftliche Prinzipien anzuwenden, um einige Schlüsse über die Legitimität politischer Organisationen zu ziehen.

Hobbes war im tiefsten Inneren ein Materialist, der mit Galilei und anderen berühmten europäischen Intellektuellen seiner Zeit befreundet war. Er hatte eine mechanistische Vorstellung von der Welt, die aus ständiger Bewegung bestand und von positiven wie negativen Kräften angetrieben wurde. Wesentlicher Bestandteil von Hobbes' Philosophie ist der Mensch im »Naturzustand«, unbelastet von gesellschaftlichen Organisationen und angetrieben vom Eigeninteresse und zu »einem Krieg jeder gegen jeden« verdammt.

Da hat aber auch keine Betriebsamkeit statt, weil kein Vorteil davon zu erwarten ist; es gibt keinen Ackerbau, keine Schifffahrt, keine bequemen Wohnungen, keine Werkzeuge höherer Art, keine Länderkenntnis, keine Zeitrechnung, keine Künste, keine gesellschaftlichen Verbindungen; statt alles dessen ein tausendfaches Elend: Furcht, gemordet zu werden, stündliche Gefahr, ein einsames, kümmerliches, rohes und kurzdauerndes Leben.

THOMAS HOBBES – *LEVIATHAN*

Thomas Hobbes und der Stein der Weisen

Am Ende seines Lebens lud Hobbes Freunde ein, die ihm Vorschläge für seine Grabinschrift machen sollten. Und offenbar lautete der angemessenste Vorschlag, der in seinen Grabstein eingraviert werden sollte. »Dies ist der wahre Stein der Weisen« (This is the true Philosopher's stone), aber aus irgendeinem Grund wurde er nicht verwendet. Erinnert Sie der Titel an etwas? Der Stein der Weisen wurde der Titel des ersten Bands in J. K. Rowlings unglaublich erfolgreicher Harry-Potter-Reihe.

Um diesen Zustand des Aufruhrs und der Gesetzlosigkeit zu vermeiden, sollten laut Hobbes Zivilgesellschaften um einen »Gesellschaftsvertrag« herum gebildet werden. Dies ist eine Konsensvereinbarung, wobei die Untertanen eines Herrschaftsgebiets der Herrschaft eines absoluten Monarchen zustimmen und im Austausch dafür Frieden und Schutz erhalten. Der Schutz seiner Untertanen ist jedoch die höchste Pflicht des Monarchen und entspricht seinen Verpflichtungen im Rahmen des Gesellschaftsvertrags.

Angesichts des instabilen politischen Klimas in England zum Zeitpunkt der Niederschrift, ist es kaum verwunderlich, dass *Leviathan* umstritten war. Den Königstreuen missfiel Hobbes' Ablehnung des traditionellen göttlichen Rechts des Monarchen – die Ansicht, dass Gott Könige und Königinnen zum Herrschen berufe. Die »Parliamentarians« (puritanische Anhänger des Parlaments) waren ebenfalls erbost über die Vorstellung, dass die Monarchie unkontrolliert und ungehindert durch einen legislativen Apparat regierte. Dennoch nimmt *Leviathan* einen wichtigen Platz in der Geschichte der politischen Philosophie ein. Seine Vorstellung eines Gesellschaftsvertrags, der die Gesellschaft zusammenhält, wurde von Hobbes' Zeitgenossen, dem Philosophen John Locke (1632–1704) und Jean-Jacques Rousseau (1712–1778) weiter ausgearbeitet.

MACHIAVELLIS
DER FÜRST

Niccolò di Bernardo dei Machiavelli (1469–1527) war ein italienischer Politiker, Diplomat, Dramatiker und Dichter, der eines der einflussreichsten Werke der politischen Philosophie in der Renaissance geschrieben hat. Sein berühmtestes Werk, *Il Principe* (*Der Fürst*, um 1513 verfasst,1532 veröffentlicht), war als eine Art Leitfaden für effektives Herrschen gedacht und hatte einen subversiven Aspekt: Machiavelli stellt indirekt die Legitimität der Erbfolge der Macht infrage und schlägt Methoden vor, mit deren Hilfe »ein neuer Fürst« einen stabilen Stadtstaat erobern und die Macht behaupten kann.

Um seine Macht zu erhalten, muss ein traditioneller König oder Herrscher, dem die Macht per Geburtsrecht zusteht, aus Machiavellis Sicht die Interessen verschiedener dominierender Institutionen – Kirche, Aristokratie, die Richter usw. – in der Gesellschaft, die er leitet, sorgfältig im Gleichgewicht halten. Der neue Prinz muss eine Form der politischen Aktivität finden, die dem Staat Stabilität verleiht, während er die endgültige Autorität aufrechterhält. Machiavelli behauptet, dass öffentliche und private Moral stillschweigend als voneinander getrennte Einheiten angesehen werden müssen, damit der Fürst effektiv herrschen kann.

Er deutet daher an, dass der gesellschaftliche Nutzen von Stabilität und Sicherheit trotz der unmoralischen Taten der Herrscher erreichbar sind. Kurz gefasst, der Zweck (Stabilität und Sicherheit) heiligt die Mittel (oftmals zweifelhafte ethische und gewalttätige Handlungen). Deshalb muss ein Herrscher sich nicht nur um seinen Ruf kümmern, sondern muss auch eindeutig bereit sein, in entscheidenden Situationen unmoralisch zu handeln. Aus Machiavellis Sicht war es für Herrscher hilfreicher, gefürchtet zu sein, als bedingungslos geliebt zu werden, da Furcht durch die Androhung von Vergeltung, Sanktionen und Strafen Stabilität verleiht. Der geliebte Herrscher bewahrt die Macht lediglich durch Verpflichtung. Deshalb sprach sich Machiavelli für die Legitimität der Notwendigkeit aus, unter bestimmten Umständen methodisch Gewalt oder Täuschung anzuwenden, einschließlich der Auslöschung ganzer adliger Familien, um jede Bedrohung der fürstlichen Autorität im Keim zu ersticken.

Wenn eine Wahl getroffen werden muss,
ist es viel sicherer, gefürchtet als geliebt
zu sein.

NICCOLÒ DI BERNARDO DEI MACHIAVELLI
(*MENSCH UND STAAT*)

Machiavellis vorherrschende Ansicht lautet, dass stolze und hartnäckige Prinzipien zu einer schwachen und ineffektiven Regierung führen können. Diese Voraussetzung trifft vor allem auf persönliche Tugenden zu. Aus klassischer aristotelischer Sicht sollten Tugenden an und für sich von vornherein bewundert und respektiert werden. Allerdings ist das Handeln für einen Herrscher (den »Fürsten«) in Übereinstimmung mit persönlicher Tugend häufig unvorteilhaft für die Stabilität des Staates. Gleichermaßen sind gewisse Laster verpönt, doch brutale Handlungen sind zum Nutzen des Staates gelegentlich notwendig. Warum wird Krieg unter solchen Konditionen überhaupt gerechtfertigt? Machiavelli folgt diesem Argument und entwickelt die Vorstellung, dass man die Gunst der Bevölkerung gewinnen sollte. Dies sei die beste Methode, die Macht zu erhalten. Deshalb könnte der Anschein von Tugend wichtiger sein als wahre Tugend, die sich unter gewissen Umständen und im Urteil der Geschichte als falsch erweisen könnte.

Der marxistische Philosoph und Kritiker Antonio Gramsci (1891–1937) ließ sich von »Der Fürst« ins-

Ist *Der Fürst* eine Satire?

Machiavelli schrieb *Der Fürst* während einer Zeit schwerer politischer Konflikte in seinem Geburtsstaat Florenz. In seinem Brotberuf als Diplomat und Politiker war er Zeuge der gewalttätigen Brutalität seiner Zahlmeister Cesare Borgia (1475–1507) und dessen Vater, Papst Alexander VI. (1431–1503). Obwohl das Buch als Ratgeber für Möchtegerndespoten und als Analyse gilt, wie politische Macht in souveränen Staaten und Herrschaftsgebieten funktioniert, haben einige Kommentatoren vorgeschlagen, *Der Fürst* könnte in Wirklichkeit ein raffinierter Witz oder eine Satire sein. Insbesondere Jean Jacques Rousseau behauptete, im 18. Jahrhundert sollte man *Der Fürst* als ein Werk politischer Fiktion und als eine Parodie lesen. Die zeitgenössischen politischen Philosophen Leo Strauss (1899–1973) und Harvey Mansfield (geb. 1932) haben geltend gemacht, dass *Der Fürst* als ein Werk wohlüberlegter, witziger Ironie gelesen werden kann.

pirieren und behauptete, Machiavelli schreibe nicht für die herrschende Klasse, weil diese bereits wisse, wie man »hegemoniale« Strukturen (d.h. Unterdrückungsmechanismen für die Untertanen durch dominante ideologische Formen) ins Spiel bringt. Er sagte, Machiavelli versuchte, die Entrechteten und Vertriebenen über Machtstrukturen zu belehren und wie sie sich auf Individuen und Gemeinschaften auswirkten.

FOUCAULT ÜBER MACHT UND WISSEN

Michel Foucault war ein französischer Philosoph, Historiker und Sozialwissenschaftler, der mit der postmodernen Bewegung europäischer Intellektueller in Verbindung stand, die in den späten 1960er- und 1970er-Jahren ihren Höhepunkt erlebte. Sein Werk konzentrierte sich überwiegend darauf, wie Macht in der Gesellschaft funktioniert und markierte ein Abrücken von der traditionellen philosophischen Analyse, weil er bemüht war, die Formen der Macht ans Licht zu bringen, die insgeheim in staatlichen Institutionen ausgeübt wurden – wie in Gefängnissen, Krankenhäusern und Bildungseinrichtungen. Foucault lehnte Kategorien wie »Postmoderne« und sogar den Begriff »Philosoph« ab. Er zog es vor, sich selbst als »Ideenhistoriker« zu sehen und betrachtete

Macht als etwas Diffuses und Verkörpertes. »Macht ist überall«, schrieb er, und sie untermauere Wissen und Diskurs, um »Wahrheitsregime« zu errichten.

Foucault stellte die herkömmliche Vorstellung infrage, dass Macht von Leuten oder Gruppen mithilfe bestimmter Taten oder einer Politik der Herrschaft oder des Zwangs ausgeübt werde, stattdessen betrachtet er Macht als zerstreut und durchdringend. Da »Macht überall ist« und »von überall her kommt«, sei sie, erklärte Foucault, einem ständigen Prozess des Fließens und des Verhandelns unterworfen, ein Vorgang, der eine »Metamacht« begründe, die die Gesellschaft durchdringt. Foucault benutzt den Begriff »Macht« (Wissen), um anzudeuten, dass Macht durch akzeptierte Formen des Wissens, wissenschaftliches Verstehens und »Wahrheit« begründet wird.

Foucault behauptete, dass »Wahrheitsregime« aus dem wissenschaftlichen Diskurs und aus institutionellen Praktiken resultierten, die durch das Bildungssystem, die Medien und gegensätzliche politische und wirtschaftliche Diskurse und Ideologien ständig verstärkt und neu definiert werden. Macht funktioniert als Grenze, die individuelle Möglichkeiten für Handlungen gestattet und beschränkt. Es kommt auf die Fähigkeit des Einzelnen an, Vergleiche zu ziehen, diese Grenzen zu erkennen und zu formen. Foucault erkannte jedoch auch, dass Macht nicht unbedingt ein negatives, zwanghaftes oder repressives Phänomen sein muss, das die Freiheit des Individuums unterdrückt, sondern auch eine notwendige, produktive und positive Kraft in der Gesellschaft sein kann. In *Überwachen und Strafen* (1977) schreibt Foucault:

> Man muss aufhören, die Wirkungen der Macht immer negativ zu beschreiben, als ob sie nur »ausschließen«, »unterdrücken«, »verdrängen«, »zensieren«, »abstrahieren«, »maskieren«, »verschleiern« würde. In Wirklichkeit ist die Macht produktiv; und sie produziert Wirkliches. Sie produziert Gegenstandsbereiche und Wahrheitsrituale: das Individuum und seine Erkenntnis sind Ergebnisse dieser Produktion.

In dieser Hinsicht lassen sich Macht und Wissen als grundsätzliche Quellen gesellschaftlicher Disziplin und Konformität sehen. In den 1960er-Jahren schuf Foucault eine Reihe historischer Werke, in denen er die Entwicklung von Verwaltungssystemen und Fürsorgearbeit im Europa des 18. Jahrhunderts analysierte. *Wahnsinn und Gesellschaft* (1961) spürte historische gesellschaftliche Einstellungen und Strategien gegenüber geistigen Erkrankungen von der Renaissance bis zum Zeitalter der Vernunft im späten 17. Jahrhundert auf. *Die Geburt der Klinik* (1963) skizzierte die Entwicklung des Arztberufs und die Einrichtung von Kliniken und Krankenhäusern, während *Überwachen und Strafen* (1975) die Errichtung von Gefängnissen und den Strafvollzug analysierte. In allen drei Büchern behauptete Foucault, dass die Diskurse und Strukturen, die diese Sozialfürsorgesysteme stützen, in ihrer Gesamtheit »Disziplinartechnologien« seien, durch die Macht verteilt wird. Für ihre Überwachungs- und Bewertungssysteme ist keine traditionelle feudale Ausübung herrschaftlicher Akte von Gewalt und Druck mehr nötig, um Zwang und Unterdrückung auszuüben, da die Menschen darauf abgerichtet worden sind, sich selbst zu disziplinieren und akzeptierten Verhaltensnormen zu folgen.

Foucault war vor allem von folgenden unterschiedlichen Macht- und Kontrollmethoden in Anspruch genommen:

- Der Gefängnisüberwachungsapparat und Jeremy Benthams Entwicklung des »Panoptikums« im 18. Jahrhundert.

- Schuldisziplinstrukturen. System für die Verwaltung und Kontrolle von Bevölkerungen.

- Die Förderung von Normen für körperliches Gebaren, einschließlich Sex.

Foucault stützte sich auf Psychologie, Medizin und Kriminologie, um zu definieren, was aus der Perspektive der Gesellschaft Verhaltensnormen und die Abweichungen davon ausmacht. Für Foucault werden Körper unterworfen und dazu gebracht, sich auf bestimmte Weise zu verhalten – als ein Mikrokosmos gesellschaftlicher Kontrolle der breiteren Bevölkerung, und zwar durch etwas, das er »Biomacht« nannte. Erzieherische Macht und Biomacht verbünden sich, um Diskurse und diskursive Praktiken, um akzeptierte, ausgeschlossene oder unterdrückte Themen in der Gesellschaft zu initiieren.

Einer der Hauptaspekte des Foucaultschen Machtbegriffs besteht darin, dass er in gewisser

Weise über die normale und erkennbare Ausübung politischer Macht hinausgeht. Foucault sieht Macht als ein alltägliches, sozialisiertes und verkörpertes Phänomen, das jedoch gleichzeitig schwer greifbar ist. Häufig bleibt unserer Wahrnehmung verborgen, wie Macht in solchem Umfang funktioniert, dass Einzelne sich ohne die Notwendigkeit absichtlichen Zwangs Verhaltensnormen anpassen.

Allerdings behauptete Foucault nicht, dass man gesellschaftliche Konditionierung nicht hinterfragen könnte, und er glaubte an Möglichkeiten für Handeln und Widerstand. Er war ein aktiver gesellschaftlicher und politischer Kommentator und ehemaliges Mitglied der Kommunistischen Partei Frankreichs – und ein prominenter Aktivist für Schwulenrechte – der eine Rolle für den »organischen Intellektuellen« in den gesellschaftlichen und politischen Kämpfen sah. Ein bedeutender Aspekt der Foucaultschen Vorstellungen über politisches Handeln betraf die Fähigkeiten und Methoden, mit deren Hilfe wir sozialisierte Normen und Einschränkungen erkennen. Macht zu hinterfragen, brachte für Foucault nicht die Aufdeckung »absoluter Wahrheit« mit sich – die lediglich eine gesellschaftlich konstruierte Form der

Macht ist. Vielmehr sollte »die Macht der Wahrheit« von den Formen der gesellschaftlichen, wirtschaftlichen und kulturellen Hegemonie, in der sie gegenwärtig wirkt, losgelöst werden. Damit die Macht funktioniert, sind zwei Aspekte nötig: ein Diskurs (oder eine diskursive Praktik) und eine gesellschaftliche oder politische Institution. Es können jedoch alternative Diskurse in Opposition auftreten:

Die Diskurse (...) sind ein für alle Mal der Macht unterworfen oder gegen sie gerichtet. Es handelt sich um ein komplexes und wechselhaftes Spiel, in dem der Diskurs gleichzeitig Machtinstrument und -effekt sein kann, aber auch Hindernis, Gegenlager, Widerstandspunkt und Ausgangspunkt für eine entgegengesetzte Strategie. Der Diskurs befördert und produziert Macht; er verstärkt sie, aber er unterminiert sie auch, er setzt sie aufs Spiel, macht sie zerbrechlich und aufhaltsam.

MICHEL FOUCAULT –
SEXUALITÄT UND WAHRHEIT (1977)

5

Alles Wissenswerte über die

RELIGIONS-PHILOSOPHIE

Das Studium der Religion aus philosophischer Sicht untersucht die Argumente über das Wesen und die Existenz Gottes, die ethischen Auswirkungen religiöser Verpflichtungen, die Beziehung zwischen Glauben, Vernunft, Erfahrung und Tradition und »das Problem des Bösen«. Die Religionsphilosophie nimmt auch andere Zweige der Philosophie in Angriff. Dazu gehören die Metaphysik, Ethik und Epistemologie, die Wissenschaftsphilosophie und sogar, in einem bestimmten Ausmaß, die Sprachphilosophie.

Der Begriff »Religionsphilosophie« wurde erstmals im 19. Jahrhundert geprägt als ein Versuch, eine eigenständige Disziplin zu gründen, die sich von der traditionellen Theologie unterscheiden sollte. Theologie oder Religionsphilosophie beschäftigt sich per definitionem mit der kritischen Untersuchung des Wesens Gottes und religiöser Glaubenssysteme. Geht man davon aus, dass die meisten dieser Systeme die Existenz Gottes oder von Göttern als unumstößlich ansehen, ist die Theologie für ein spezielles religiöses und ideologisches Bezugssystem verantwortlich und bemüht, es durch ihre Überlegungen zu rechtfertigen und zu unterstützen. Während die Religionsphilosophie Fragen stellt wie »Gibt es Gründe für den Glauben an Gottes Existenz?« und »Hat Gott ein erkennbares Wesen?«, startet die Theologie von der Position, dass die Existenz Gottes selbstverständlich ist.

Ein Aspekt der Religionsphilosophie besteht darin, dass sie es mit »Ismen« zu tun hat, um verschiedene Formen und Perspektiven des religiösen Glaubens wie Theismus, Monotheismus, Deismus und Pantheismus zu beschreiben, die alle noch unterschiedliche Nebenzweige und Abweichungen haben.

DIE ENDGÜLTIGE WIRKLICHKEIT DER »ISMEN«

Im Zentrum religiöser Glaubens- und Wertesysteme steht das Konzept der endgültigen Wirklichkeit – eine Kraft oder Macht, die absolut und endgültig ist und prinzipiell jegliches Dasein stützt. Religionen unterscheiden sich in ihren Auffassungen darüber, wie diese letztgültige Wirklichkeit handelt oder wie sie begründet ist und sich selbst offenbart. »Theismus« ist der umfassende Glaube, es gebe ein oberstes Wesen im Universum, das jenseitig und allwissend, allgegenwärtig, allgütig und allmächtig ist.

Das Wort »Theismus« stammt vom griechischen *theos* oder *theoi* ab (was »Gott« bedeutet) und wurde erstmals von dem englischen Theologen und Philosophen Ralph Cudworth (1617–1688) benutzt. In seinem Werk *The True Intellectual System of the Universe* (1678) schreibt Cudworth, der Theismus sei der weit verbreitete Glaube, »dass ein vollkommen bewusstes und verstehendes Wesen, seit Ewigkeiten aus sich selbst heraus lebend, die Ursache aller anderen Dinge ist«. Cudworth war ein leidenschaftlicher Gegner von Thomas Hobbes und prägte den Begriff, um Trends in der Philosophie entgegenzuwirken, die seiner Meinung nach den Atheismus beförderten.

Innerhalb des Theismus gibt es zwei unterschiedliche Glaubensrichtungen: Monotheismus und Polytheismus. Der Monotheismus vertritt die Auffassung, es existiere nur ein einziger Gott, wie in den Abrahamitischen Religionen Judaismus, Christentum und Islam gelehrt wird. Die Abrahamitischen Religionen – offensichtlich in unterschiedlichen heiligen Schriften und Textinterpretationen vom Propheten Abraham abgeleitet – sind Beispiele für exklusiven Monotheismus, d.h. der Ansicht, dass nur ein Gott existiere und dass die Anbetung anderer Götter falsch sei. Im Gegensatz dazu behauptet der inklusive Monotheismus, es gebe nur einen Gott, und die Existenz Gottes in unterschiedlichen Formen in allen möglichen Religionen sei ein und derselbe Gott unter anderen Namen. Alle monotheistischen Religionen sind auf den Glauben gegründet, dass Gott ontologisch unabhängig sei, das heißt, Gott benötigt keine körperliche und objektive Erscheinungsform in der Welt, um zu existieren.

Polytheismus ist der Glaube an die Existenz mehrerer Götter, die häufig mit natürlichen Phänomenen in Verbindung stehen. Polytheistische Religionen waren vor allem in vorchristlicher Zeit vorherrschend, und zwar in den Religionen des Alten Ägyptens, Griechenlands und Roms sowie in den heidnischen Religionen Nordeuropas. Zu den heute praktizierten polytheistischen Religionen gehören einige Glaubensrichtungen des Hinduismus, traditionelle chinesische Religionen und die japanischen Shintorituale.

DIE EXISTENZ GOTTES
TEIL I

Der Erzbischof von Canterbury bringt den Stein ins Rollen

Eines der ersten Argumente für die ontologische Unabhängigkeit Gottes wurde von dem Benediktinermönch und Theologen Anselm von Canterbury (1033–1109) in seinem Werk *Proslogion* von

1078 vorgeschlagen. Er hielt Gott für »größer als alles, was gedacht werden kann« und behauptete, dass dieses Wesen im Geist existieren müsse, selbst im Geist von Atheisten, die die Existenz Gottes verneinten, denn die Vorstellung eines höchsten Wesens müsse existieren, um ihre Existenz verneinen zu können. Anselm sagte deshalb, wenn das größte denkbare Wesen im Geist existiere, müsse es auch in der Wirklichkeit existieren. Außerdem schlug Anselm vor, dass selbst wenn es nur im Geist existierte, es möglich sei, sich ein noch größeres Wesen vorzustellen, nämlich eines, das sowohl im Geist als auch in der Wirklichkeit existierte, aber ontologisch unabhängig von unseren Wahrnehmungen sei.

Anselms Argument wurde bekanntermaßen von einem andern Benediktinermönch namens Gaunilo von Tours widerlegt. In seinem Werk Im *Namen des Narren* prüft Gaunilo die Logik des Anselmschen Arguments, indem er die Existenz einer vollkommenen »Verschollenen Insel« vorschlägt:

- Die Verschollene Insel ist eine Insel, wie sie größer nicht erdacht werden kann.

- Sie ist in der Wirklichkeit größer als lediglich in der Vorstellung.

- Falls die Verschollene Insel nicht in der Wirklichkeit existiert, lässt sich eine noch größere Insel vorstellen, die tatsächlich existiert.

- Deshalb existiert die Verschollene Insel in der Wirklichkeit.

Gaunilos Einwand läuft auf Folgendes hinaus: Da die Verschollene Insel nicht existiert, ist die angewandte Logik zur Behauptung ihrer Existenz fehlerhaft. Ist die Logik im Fall der Verschollenen Insel fehlerhaft, muss sie es auch im Fall der Existenz Gottes sein – sowohl in Gedanken als auch in der Wirklichkeit. Anselm antwortete, indem er darauf hinwies, dass seine eigene Definition Gottes laute, er sei »größer als alles, was gedacht werden kann«, sodass sein Argument nur auf die höchste Macht Gottes angewandt werden könne, nicht aber auf Inseln (oder irgendetwas anderes im Universum, das Gott schuf).

Fairerweise sollte man bemerken, dass Anselms Argument als eine persönliche Meditation oder Beobachtung dienen sollte, wie er dazu kam, die Existenz Gottes zu begreifen und nicht, wie Kant später suggerierte, ein früher Versuch, ontologische Logik auf die Frage nach der Existenz Gottes anzuwenden. Zu Anselms Unglück stach er damit in ein philosophisches Wespennest, in dem es, fast tausend Jahre später, immer noch rumort.

DIE EXISTENZ GOTTES TEIL II

Die fünf Beweise des heiligen Thomas von Aquin

Der heilige Thomas von Aquin war ein dominikanischer Priester, Theologe und Philosoph. In Gelehrtenkreisen lautet sein Spitzname »Doctor angelicus« (engelgleicher Lehrer). Er gilt im Allgemeinen wegen seines lebenslangen Projekts, die christliche Theologie mit dem philosophischen Denken des Aristoteles zu verknüpfen, als einer der einflussreichsten christlichen Philosophen. Die zwei berühmtesten Werke des Thomas von Aquin waren *Summa Contra Gentiles* (ca. 1259–1265) – geschrieben, um frühe christliche Missionare zu unterstützen – und *Summa Theologiae* (ca. 1265–1275) – eine Art Lehrbuch für junge Mönche, die in die Kirche eintraten und Theologie studierten. *Summa Theologiae* enthält die in theologischen und philosophischen Kreisen sogenannten »Fünf Beweise« (*quinque viae*) für die Existenz Gottes. Im Gegensatz zu Anselm von Canterburys »ontologischem Argument«, das sich auf die Vorstellung Gottes konzentriert, stützen sich die Beweise des heiligen Thomas auf die aristotelische Methode des Schlussfolgerns in Bezug auf unsere Erfahrung und die Beobachtungen der Welt. Die fünf Beweise lauten in dieser Reihenfolge:

- »Das Bewegungsargument«. Aquin übernimmt sein Stichwort aus seiner Aristoteleslektüre und kommt aus gewöhnlichen Beobachtungen zu dem Schluss, dass Objekte im Universum in Bewegung sind. Daraus folgt: Was immer heute in Bewegung ist, wurde von einem anderen Objekt oder einer Kraft in Gang gesetzt, und dieser Gegenstand oder diese Kraft wiederum wurde von einem anderen Gegenstand oder einer anderen Kraft bewegt. Nichts kann sich selbst bewegen. Falls also jedes in Bewegung befindliche Objekt einen »Beweger« hatte, dann benötigte das allererste bewegte Objekt ebenfalls einen »Beweger« – den unbewegten Beweger, der die Bewegung in Gang setzte. Aquin schließt daraus, dass der »unbewegte Beweger« Gott sein muss.

- Eine Erweiterung des oben genannten Arguments, um die Kausalität des Daseins der Dinge zu untersuchen. Wir beobachten Dinge in der Welt, die von anderen Dingen verursacht oder erschaffen wurden. Nichts kann die Ursache seiner selbst sein oder aus dem Nichts erschaffen worden sein, und es kann keinen endlosen Vorgang von Kausalität und Schöpfung ohne einen nicht verursachten Anfangspunkt geben. Die »erste Ursache« muss Gott sein.

- Eine Unterscheidung zwischen dem, was Aquin kontingente oder mögliche Wesen und notwendige Wesen nennt. Für kontingente Wesen gab es eine Zeit, als sie nicht existierten (bevor sie ins Dasein traten) und es wird auch eine Zeit geben, wenn sie aufhören werden zu existieren. Es kann jedoch nicht alles kontingent sein, da dies nahelegen würde, dass es eine Zeit gab, als nichts existierte und dies einmal wieder so sein werde. Deshalb muss es ein unumgängliches Wesen geben, das für alle kontingenten Wesen existiert, und dieses unumgängliche Wesen muss Gott sein.

- Mit dem sogenannten »Argument der Stufungen der Vollkommenheit« beobachtet Aquin die menschliche Fähigkeit, die Qualität der Dinge im Universum zu bewerten. Wenn wir ein Gemälde schöner finden als ein anderes oder eine Person tugendhafter als eine andere, fällen wir diese Urteile, indem wir die Qualität anhand eines Vollkommenheitskonzepts abstufen. Obwohl wir bestimmte Normen dafür haben, wie Gegenstände und Menschen sein sollten, könnten wir ohne ein Wesen, das in jeder Hinsicht vollkommen ist, diese Maßstäbe nicht entwickeln. Das vollkommene Wesen, angesichts dessen alle Qualitäten beurteilt werden, muss Gott sein.

Thomas von Aquin und der »engelhafte Gürtel«

Angeblich sperrte seine Familie ihn in einem Turm ein, um zu verhindern, dass er ein Dominikanermönch statt eines Benediktinerabts werde – eine viel prestigeträchtigere Rolle. Während er sich dort aufhielt, schickte man ihm eine Prostituierte, um seine Schwäche für lustvolle Verführung auszunutzen. Ein entsetzter Aquin jagte sie mit einem glimmenden Holzscheit aus dem Feuer fort. Anschließend benutzte er dasselbe Scheit, um ein Kreuz an die Wand seines Zimmers zu malen und kniete sich betend davor. Sofort erschienen ihm zwei Engel der Reinheit und brachten einen engelhaften Gürtel um seine Taille an. Von diesem Tag an war er immun gegen lüsterne Gedanken oder Handlungen, und es ist diese »heilige Reinheit«, die als Schlüssel zum heiligen Thomas und seinem großen theologischen Intellekt gilt. Der engelhafte Gürtel wird noch heute von Mönchen getragen als Zeichen und Gebet für heilige Reinheit und war Anregung für den Ausdruck »Keuscheitsgürtel«, der gegen sexuelle Begierde schützen soll.

- Der letzte Beweis des heiligen Thomas von Aquin bildet die Grundlage für »das Argument des *Intelligenten Designs*«. Seine Ausgangsposition lautet, dass alle natürlichen Dinge im Universum für einen Zweck geschaffen wurden, z.B. die Flügel von Vögeln, um das Fliegen zu unterstützen, Ohren zur Klangverarbeitung. Daraus schließt Aquin: Wenn alles für einen Zweck oder ein Ziel entworfen ist, kann es sich nicht zufällig durch Evolution entwickelt haben und muss von einem intelligenten Gestalter entworfen worden sein – und das muss Gott sein. Dieser letzte Beweis ist als »Das teleologische Argument« bekannt. Die Teleologie ist das Studium von Absichten, Zwecken und Zielen in natürlichen Prozessen.

William Paleys Uhrmacher-Argument

William Paley (1743–1805) war ein englischer Geistlicher und Philosoph, der am bekanntesten für den in die Länge gezogenen Titel seines Werks *Naturtheologie (Natural Theology or Evidence of the Existence and Attributes of the Deity collected from the Appearances of Nature*, 1802) wurde. Darin stellt er

ein teleologisches Argument in Form einer hypothe-
tischen Anekdote vor, die als »Uhrmacher-Analogie«
bekannt ist.

Paley behauptet, wenn er durch eine Heideland-
schaft spaziere und sich an einem Stein stoßen sollte
und sich fragte, wie der Stein dorthin käme, würde
er höchstwahrscheinlich schlussfolgern, er habe
schon immer dort gelegen. Spazierte er jedoch durch
die Heide und fände eine Uhr, würde er nicht vermu-
ten, dass sie zufällig dorthin geraten sei. Paley zieht
dann einen Vergleich zwischen der Komplexität der
Uhr und der Komplexität der Natur und behauptet, die Welt zeige eine ähnliche, wenn nicht gar höhere Vielschichtigkeit: »Jeder Anhaltspunkt für einen
Plan, jedes Anzeichen von Gestaltung, die in der Uhr
vorhanden sind, existieren auch in der Natur; mit
dem Unterschied, dass sie in der Natur größer und
vielfältiger ausfallen, und zwar in einem Ausmaß,
das jegliche Berechnung übersteigt«. Da »gleiche«
Ursachen »gleichen« Wirkungen ähneln, und sowohl
die Uhr als auch die Natur Anzeichen komplizierter
und intelligenter Mechanismen zeigten, sind beide,
so vermutet Paley, von einem intelligenten Designer
entworfen worden – die Uhr von einem Uhrmacher

und die Welt von Gott. Mithilfe dieses Arguments kommt er zu dem Schluss, dass ein intelligenter Gott existiere, und dass dieser Gott das Universum und die Natur erschaffen habe.

Paleys Analogie und sein Argument sind *aposteriorische* Aussagen, sie beruhen auf Erfahrungen und nicht auf Logik. Sie sind von der vermuteten Prämisse abhängig, dass »gleiche Ursachen gleichen Wirkungen ähneln«. In diesem Fall müssen Maschinen (wie die Uhr) und die Natur, zumal sie ähnliche Gestaltungsmerkmale haben, jeweils einen intelligenten Designer haben. Doch Paley entwickelt diese Annahme nicht weiter, um folgende Frage in Angriff zu nehmen: Wie sehr ähnelt die Erschaffung der Natur der Herstellung einer Uhr?

Ein Gegenargument, das häufig David Hume zugeschrieben wird (der ein Vierteljahrhundert vor der Veröffentlichung von Paleys *Naturtheologie* starb) greift die Vorstellung »gleicher Ursachen« auf und weist auf ein paar potenzielle Mängel hin. So wird beispielsweise eine komplizierte Maschine wie eine Uhr normalerweise von einem ganzen Team von Leuten entworfen und nicht von einer Person allein. Das heißt, die Bergleute und Stahlkocher, die die

Materialien gewinnen und formen, die Fabrikarbeiter, die die Einzelteile herstellen und die Uhr zusammensetzen, usw. Erweitert man daher die Analogie, würde sie nahelegen, dass die Natur oder das Universum das Werk einer ganzen Gruppe intelligenter Designer oder Götter wäre und nicht eines einzelnen höchsten Wesens – ein Argument, dass Paleys Monotheismus völlig widerspräche.

Ein weiterer Einwand gegen die Analogie besteht darin, dass komplizierte Maschinen aus einem Prozess von Versuch und Irrtum hervorgehen. Dabei durchläuft jede neue Version über Jahre hinweg einen Evolutions- und Verbesserungsprozess. Ein angemessenes Beispiel für diesen Vorgang sind die raschen Entwicklungen in der Technik von heute. Damit Paleys Analogie funktioniert, muss das Design Gottes (oder der Götter) für die Natur oder das Universum auch eine fortlaufende Reihe von Experimenten sein, deren Mängel und Unvollkommenheiten ausgebügelt und verbessert werden müssen. Aber diese Auffassung von Gott als Experimentator widerspricht der Vorstellung eines allmächtigen und allgütigen höchsten Wesens.

Der wichtigste Einwand gegen Paleys Uhrmacher-Analogie kam 1859 ins Spiel, als Charles Darwin (1809–1882) sein Buch *Über die Entstehung der Arten* veröffentlichte. Darwins bedeutendes und umstrittenes Werk war aus mehreren Gründen wichtig, aber hier müssen wir Folgendes hervorheben:

- Es führte die wissenschaftliche Theorie ein, dass Populationen sich im Lauf der Generationen durch einen Vorrang der natürlichen Auslese entwickeln und dass die Vielfalt des Lebens in der Natur durch eine gemeinsame Abstammung hervorgebracht wurde, und zwar mithilfe eines sich verzweigenden Evolutionsmusters.

- Wenngleich die erste Ausgabe von Darwins Werk mehrere Bezüge zur »Schöpfung« und dem »Schöpfer« herstellt – offenbar glaubte Darwin, Gott erschuf die Arten anhand der »Konstruktion der natürlichen Auslese« – waren Vorstellungen über die Umwandlung der Arten umstritten, da sie mit dem Glauben in Konflikt gerieten, Arten wären unwandelbare

Teile einer gestalteten Hierarchie, während Menschen einzigartig wären und in keiner Beziehung zu anderen Tieren stünden.

- Dass Darwin später seine Meinung änderte und seine religiösen Ansichten als agnostisch beschrieb. In seiner Autobiografie schreibt er: »Das alte Argument vom Bauplan in der Natur, das Argument Paleys, das mir früher so schlüssig vorgekommen war, hat inzwischen, seit das Gesetz der natürlichen Auslese entdeckt ist, seine Kraft verloren. Wir können nicht mehr argumentieren, dass zum Beispiel ein so wundervoller Gegenstand wie eine zweischalige Muschel ebenso von einem intelligenten Wesen gemacht sein muss wie eine Türangel von Menschen und in dem Vorgang natürlicher Selektion scheint uns nicht mehr Planung zu stecken als in der Richtung, aus der der Wind bläst.«

Weitere Einwände gegen Paleys Uhrmacher-Analogie bilden die Grundlage für das Buch *Der blinde Uhrmacher* (1986) des Evolutionsbiologen Richard

Dawkins. Dawkins (geb. 1941) ist ein engagierter darwinistischer Wissenschaftler und behauptet, dass die natürliche Auslese genügt, um die offenkundige Funktionalität und nicht zufällige Komplexität der Natur zu erklären. Die natürliche Auslese könne durchaus die Rolle von Paleys »Uhrmacher« in der Natur spielen, wenngleich als ein automatischer, von keinem Designer angeleiteter, nichtintelligenter, blinder Uhrmacher des Evolutionsprozesses.

DIE EXISTENZ GOTTES
TEIL III

Das Problem des Bösen und des Leidens

Dieses Problem wird als eines der überzeugendsten Argumente gegen die Existenz Gottes betrachtet. Vereinfacht ausgedrückt: Wie lassen sich die traditionellen Auffassungen von göttlicher Allmacht und Allgüte mit der Existenz des Bösen und des Leidens vereinbaren? Der deutsche Mathematiker und Philosoph Gottfried Wilhelm Leibniz (1646-1716) entwickelte den Begriff Theodizee, um einen Bezugsrahmen zu beschreiben, der demonstriert, dass Gottes Existenz trotz des Bösen und des Leidens immer noch plausibel ist. Leibniz' Argument lautet folgendermaßen:

- Er beginnt mit der Bestätigung, dass Gott unbegrenzte Weisheit und Macht hat und die Quelle alles Guten ist. Menschen sind jedoch nicht allmächtig und in ihrer Weisheit und in ihrer Handlungsfähigkeit eingeschränkt.

- Außerdem stattete Gott die Menschen mit der Fähigkeit des freien Willens aus, und es ist genau diese Fähigkeit, die Menschen dazu neigen lässt, falsche Überzeugungen zu haben, schlechte Entscheidungen zu treffen und negativ zu handeln.

- Gott fügt der Welt nicht willkürlich Schmerz und Leiden zu. Gott gestattet sowohl das »moralische Böse« (die sündigen Gedanken und Taten von Menschen) als auch das »physische und natürliche Böse« (Schmerz und Leid durch natürliche Ursachen, jenseits menschlicher Kontrolle, z.B. Katastrophen wie Erdbeben, Hunger, Krankheit und Dürre), da dies die grundlegenden Folgen des »metaphysisch Bösen« sind.

- Diese Vorstellung des metaphysisch Bösen beschreibt die endliche Natur des Lebens mit seinen Beschränkungen und Unvollkommenheiten im Gegensatz zur allmächtigen Vollkommenheit Gottes. Und weil Menschen unvollkommen sind, gibt es Spielarten des Bösen als ein Mittel, durch das die Menschen ihre fehlerhaften Taten und Entscheidungen anhand einer Norm der vollkommenen Güte, die Gott allein gehört, identifizieren, einschätzen und korrigieren. Beachten Sie aber, dass diese Vorstellung in akademischen (religiösen) und philosophischen Kreisen als falsches Konzept des Bösen kritisiert worden ist, da sie unterstellt, Beschränkungen und Unvollkommenheiten seien falsch, und etwas bedingungslos Böses stünde mit Zufall und Umständen in Verbindung.

1955 veröffentlichte der australische Philosoph J. L. Mackie (1917–1981) seinen berühmten Essay *Evil and Omnipotence* (etwa: Das Böse und die Allmacht). Er behauptete, das logische Problem des Bösen entstehe, weil monotheistische Religionen daran festhielten, dass es keine Grenzen für Gottes Allmacht gebe, eben weil er allmächtig sei. Außerdem sei zu bedenken, dass die »Theodizeen« zwar tatsächlich Gottes Macht einschränkten, aber auf trügerische Weise die Überzeugung vom Konzept der »Allmacht« aufrechterhielten. Gott ist an logische Notwendigkeiten gebunden, erlaubt jedoch das »Böse in der Natur« (Erdbeben usw.) als Folge des metaphysisch Bösen der Unvollkommenheit.

Daher ist Gott nicht allmächtig, denn er kann keine logisch unmöglichen Taten vollbringen, weil er den von ihm geschaffenen Kausalgesetzen unterliegt. Ebenso wenig kann Gott die Zeit zurückdrehen, um die Umstände aufzuhalten, die das Erdbeben verursachten, denn dies würde die metaphysischen Unvollkommenheiten leugnen, die durch die Einführung des Bösen als eine Methode zur Bewertung des Guten ins Spiel gekommen sind. Deshalb hat Gott etwas geschaffen, das er nicht kontrollieren kann – also kann er nicht allmächtig sein.

Viele Theodizeen führen zu ihrer Verteidigung an, dass das Gute nicht ohne das Böse existieren könne, da das Böse ein notwendiger Kontrapunkt sei, an dem man das Gute messen könne.

Mackie sagt dazu:

- Etwas muss nicht zwangsläufig einen Kontrapunkt haben, um zu existieren. So behauptet er zum Beispiel, während es logisch sein mag, dass es andere Farben im Universum geben muss, damit wir die Farbe Rot wahrnehmen könnten, ist dies nicht zwangsläufig der Fall. Alles im Universum könnte rot sein, auch wenn wir nicht die Fähigkeit hätten, einen Unterschied gegenüber anderen Farben wahrzunehmen oder keinen Namen (»rot«) für diese allgegenwärtige Farbe hätten. Sie würde trotzdem immer noch existieren.

- Das Böse gibt es nicht etwa deshalb, um eine höhere Stufe des Guten zu bereichern. Für ihn steht dieses Argument im Widerspruch zur Prämisse des Kontrapunkts – falls es eine höhere Stufe des Guten gibt, muss es wiederum eine höhere Stufe des Bösen geben, über die ein allmächtiger Gott keine Kontrolle hat. Daraus schließt Mackie, dass das Vertrauen auf die Allmacht in Theodizeen logisch unvereinbar mit der Existenz des Bösen in jeglicher Form ist.

Der amerikanische Philosoph und Theologe William Rowe (1931–2015) schlug in seinem Essay *The Problem of Evil and Some Varieties of Atheism* (1979) – etwa: Das Problem des Bösen und einige Spielarten des Atheismus – Folgendes vor: Während es oberflächlich betrachtet vernünftig sei, dass Gott ein gewisses Maß »begrenzten« Leids gestatte, damit sich die Menschen entwickeln können (»das größere Wohl«), sei es Gott nicht erlaubt, zuzulassen, was Rowe »schweres Leid« bezeichnet, wie etwa das sinnlose Leiden wehrloser Tiere. Als Beispiel für sinnloses Tierleid nannte er ein bei einem Waldbrand ums Leben gekommenes Rehkitz.

Ein allmächtiges und allwissendes Wesen wäre sich laut Rowe per definitionem bewusst, dass schweres Leid geschieht und könnte es verhindern. Wenn Böses und Leid sinnlos wären, keinem Zweck dienten und vermeidbar wären, würde ein allgütiges

Wesen ihr Zustandekommen verhindern, es sei denn dieser Eingriff geriete in Konflikt mit dem »größeren Wohl« oder liefe auf etwas gleichermaßen Böses und Schlimmes hinaus.

Da sinnloses und vermeidbares Leid in der Welt vorherrscht, schlussfolgert Rowe, dass es keinen allmächtigen Gott gibt. Rowes Standpunkt ist als ein Beispiel für »das evidentielle Argument des Bösen« bekannt.

AUGUSTINUS VON HIPPO: VOM SÜNDER ZUM HEILIGEN

Leibniz' Formulierungen der Theodizee wurden stark von den Ideen des heiligen frühchristlichen Philosophen und Theologen Augustinus (354–430) beeinflusst. Augustinus von Hippo wurde in der römischen Stadt Tagaste in Algerien geboren und studierte Latein und Rhetorik in Karthago, einem Ort, der bestens für seine Gelehrsamkeit bekannt war. Obwohl er eine christliche Mutter und einen heidnischen Vater hatte, wurde Augustinus ein Anhänger der manichäischen Religion – einem kosmologischen Glauben, der sich mit dem ewigen Kampf zwischen den Gegensätzen Gut und Böse oder Licht und Dunkelheit beschäftigte. Als er jedoch nach Karthago kam, ließ er sich von einem Leben verlocken, das sündig genannt wurde. Er trank maßlos und gab seinem unersättlichen sexuellen Appetit nach, und mit einer Konkubine hatte er ein uneheliches Kind.

Eines Tages betrat Augustinus, offenbar in verzweifelter Stimmung wegen seiner Genusssucht, einen Garten, wo er die Stimme eines Kindes hörte, die ihm sagte, er solle nach Hause gehen und lesen. Er kehrte heim und schlug als erstes Buch die Bibel willkürlich auf. Dort las er den Römerbrief des heiligen Paulus (Kapitel 13, Vers 13 und 14): »Lasset uns ehrbar wandeln als am Tage, nicht in Fressen und Saufen, nicht in Kammern und Unzucht, nicht in Hader und Neid; sondern ziehet an den Herrn Jesus Christus und wartet des Leibes, doch also, dass er nicht geil werde.« Augustinus deutete diesen Vorfall als einen Appell des Allmächtigen, sein exzessives Leben aufzugeben und es Gott zu widmen. Umgehend konvertierte er zum Christentum und kehrte in seine algerische Heimat zurück, wo er im Jahr 344 n. Chr. zum Bischof von Hippo ernannt wurde.

Seine Theodizee dreht sich um Folgendes:

- Das Argument, dass Gott Menschen und Engel als Vernunftwesen mit freiem Willen erschaffen habe.

- Dass es nicht Gottes Absicht war, dem freien Willen eine Wahl zwischen Gut und Böse zu lassen – ein freier Wille ist in diesem Sinn ein von Sünde freier Wille.

- Das der Sündenfall im Paradies, verursacht von Adams und Evas Ungehorsam, den menschlichen Willen zerstörte und das Leid in die Welt brachte.

- Und obwohl Augustinus behauptete, dass der freie Wille zerstört werden kann, hielt er dennoch daran fest, dass die Existenz des freien Willens unverzichtbar sei, damit die menschliche Seele Gnade annehme und vor der Verdammnis gerettet werde.

- Als Vorläufer des Leibnizschen Konzepts des metaphysisch Bösen behauptete Augustinus außerdem, dass Menschen Böses verüben könnten, nicht weil sie selbst böse wären, sondern weil sie nicht die geistliche Vollkommenheit Gottes hätten und daher bestechlich wären, wenngleich sie gerettet werden könnten.

Augustinus widmete den Rest seines Lebens dem Christentum, gab seinen ganzen weltlichen und materiellen Wohlstand auf, verbrachte seine Zeit mit produktivem Predigen und Schreiben und entwickelte einige der grundlegenden Dogmen der katholischen Theologie. Der heilige Augustinus war ein energischer Gegner der Sklaverei, die er als ein Werk der Sünde und im Widerspruch zum Willen Gottes betrachtete. In seinem Buch *Vom Gottesstaat* schreibt Augustinus: *»Vernunftbegabt, nach Gottes Ebenbild erschaffen, sollte der Mensch nur über die vernunftlosen Wesen herrschen, nicht über Menschen, sondern über das Tier.«*

6

Alles Wissenswerte über die

SPRACH-
PHILOSOPHIE

Die Philosophie der Sprache entwickelte sich vor allem Mitte bis Ende des 20. Jahrhunderts zu einem der wichtigsten Anliegen der Philosophie und verwandter Disziplinen wie der kritischen Theorie und der Sozial- und Geisteswissenschaften. Die Philosophie blickt auf eine lange Tradition der Analyse und Bewertung der Sprachfunktionen zurück. Dabei geht es um die Ursprünge, das Wesen der Bedeutung, die Anwendung und Erkennung von Sprache und insbesondere um die Beziehungen zwischen Sprache und Wirklichkeit.

Die Sprachphilosophie stellt Fragen wie die folgenden:

- Was heißt Bedeutung?

- Wie verweist Sprache auf die wirkliche Welt?

- Wird Sprache erlernt oder ist sie angeboren?

- Wie entsteht die Bedeutung eines Satzes aus seinen Einzelteilen?

PLATON UND DIE BENENNUNG DER DINGE

Platon war vor allem daran interessiert, inwiefern oder warum wir Namen für Dinge haben und was die Kriterien der richtigen Namenswahl für einen beliebigen Gegenstand sind. Diese Belange werden in dem Dialog *Kratylos* angesprochen, worin Sokrates gebeten wird, einen Streit zwischen zwei Athener Philosophen zu schlichten: dem namensgebenden Kratylos und seinem Freund Hermogenes.

Deren Disput leitet sich von einer Meinungsverschiedenheit über das Wesen der Namen für Gegenstände ab. Kratylos stellte eine These auf, die Namen für Dinge seien naturgemäß abgeleitete Bezeichnungen, die Gegenstände, grundlegende Vorstellungen, Konzepte oder Empfindungen darstellten. Hermogenes hingegen behauptete, dass Dinge einen Namen durch Übereinkunft erhielten, auf die man sich wiederum innerhalb der Gemeinschaft oder der sozialen Gruppierung einige, in denen solche Namen verwendet werden.

Sokrates befragt Hermogenes, der einräumt, dass ein Individuum den Dingen unterschiedliche Namen geben könnte, die über die akzeptierte Übereinkunft der Gemeinschaft hinausgehen. So könnte man beispielsweise fragen, was dagegen spräche, wenn jemand einen Mann Pferd nennt oder umgekehrt. Im Lauf des Dialogs, der ein paar manchmal unergründliche und durchaus lächerliche Gedanken über die Etymologie griechischer Wörter enthält, bewegt sich der Streit zwischen Kratylos' Behauptung, Namen träten natürlicherweise als Teil des Kern punkts dessen auf, was sie beschreiben (»Naturalismus«) und Hermogenes' Standpunkt, Namen seien das Ergebnis von Übereinkünften (»Konventionalismus«).

Sokrates' (und daher auch Platons) Position scheint zwischen den zwei diametral entgegengesetzten Argumenten zu schwanken. Hier sind drei Beispiele:

- So scheint er anfangs den Standpunkt von Kratylos einzunehmen und kritisiert den Konventionalismus, vielleicht zum Teil deshalb, weil Kratylos' These mit der altgriechischen Metaphysik über die natürliche Ordnung der Dinge im Universum übereinstimmt.

- Er behauptet, gewisse »Wertbegriffe« oder philosophisch wichtige Konzepte könnten nicht per Übereinkunft willkürlich benannt werden, sondern seien verklausulierte Beschreibungen dessen, was sie verkörpern.

- Außerdem behauptet er gegen Ende des Dialogs, dass Dinge eine objektive Wirklichkeit

haben könnten, die über unsere Wahrneh-
mungsfähigkeiten hinausgehen. Falls Wörter
daher eine Wirklichkeit besitzen, die wir nicht
wahrnehmen können, dürfen Wörter allein
nicht als vollkommene Einkapselungen des
natürlichen Kerns ihrer Objekte gelten.

- In diesem Sinn muss ein gewisser Bestandteil
  der Übereinkunft, der mit dem Objekt übereinstimmt, das er beschreibt, an dem Phonem haf-
  ten und in ihm vorhanden sein.

ARISTOTELES ÜBER DIE ERKLÄRUNGEN

Platons Schüler Aristoteles widmete sich einer der
wichtigsten Fragen darüber, wie Bedeutung durch
Sprache übermittelt wird, indem man Sprache in
systematischer und formeller Analyse mit Logik ver-
bindet.

Aristoteles' Werk *De Interpretatione* beginnt mit
der Definition von Worten als »Vorstellungen in der
Seele«. Die meisten Gelehrten stimmen darin über-

ein, dass sich Aristoteles mit »Vorstellungen« (häufig auch mit »Leidenschaften« übersetzt) auf Funktionen bezieht und er mit »Seele« den menschlichen Geist meint. Daher sind Vorstellungen oder Leidenschaften in der Seele die Funktionen des Geistes oder genauer gesagt, Mechanismen, durch die der Geist Dinge abruft und wahrnimmt, deren Hauptbestandteile Worte sind.

In *De Interpretatione* beginnt Aristoteles folgendermaßen:

- Er stellt Kategorien und deren unterschiedliche Funktionen, Ähnlichkeiten und Widersprüche auf.

- Anschließend bestätigt er, dass die geistigen Erfahrungen trotz der Unterschiede gesprochener und geschriebener Symbole zwischen den Sprachen für alle Menschen dieselben sind. So sind zwar das deutsche Wort »Katze« und das spanische *gato* unterschiedliche Symbole, doch die geistige Erfahrung, für die sie stehen – die Vorstellung einer Katze – ist für Deutsch und Spanisch Sprechende dieselbe.

- Weiterhin sagt er, dass isolierte Substantive und Verben weder Wahrheit noch Irrtum bestimmen können. Im Gegensatz zu Platon behauptet Aristoteles, dass Substantive (Namen) dem Gegenstand, den sie per Übereinkunft beschreiben, Bedeutung verleihen, obwohl Verben, wenn sie in Zeiten gegliedert sind, die Zeit widerspiegeln. Ein Beispiel: »Ich werde heute Abend Fisch essen« (Zukunft) und im Gegensatz dazu: »Gestern aß ich Fisch« (Vergangenheit). Isolierte Verben können sich nur auf die Gegenwart beziehen.

- Danach richtet Aristoteles seine Aufmerksamkeit auf Sätze und behauptet, wenngleich isolierte Wörter Bedeutung hätten, könnten nur Sätze, also Wörter in Beziehung zueinander, die Fähigkeit haben, schlüssige Ausdrücke wie Fragen, Aussagen und Ausrufe zu bilden. Sätze können wegen der Wechselbeziehungen ihrer Bestandteile (Subjekt und Prädikat) Ausdrücke bestätigen oder leugnen.

- Diese Unterscheidung, wie Bedeutung durch isolierte Worte und durch Worte in Kombination miteinander unterschiedlich vermittelt wird, ist Aristoteles wichtig, da sie in Bezug auf die Philosophie tiefgreifende Auswirkungen auf die Auswertung von Aussagen hat.

- Einfache Aussagen enthalten ein Verb, das das Subjekt des Satzes verändert. Außerdem weisen sie auf eine einzige Tatsache hin (»Heute wird es regnen«). Komplizierte Aussagen bestehen aus mehreren Aussagen in zusammengesetzter Form: »Der Wind wird die Wolken fortwehen, sodass es heute nicht regnen wird«.

- Wir bestätigen oder verneinen die Gültigkeit von Aussagen, indem wir Erklärungen abgeben. So besagt zum Beispiel der Satz »Menschen sind Tiere«, dass Menschen zum Tierreich gehören. Im Gegensatz dazu verneint der Satz »Bäume sind keine Tiere«, dass Bäume Tiere sind.

- Anschließend dehnt Aristoteles seine Analyse auf ein Phänomen aus, das er als »universelle Aussagen« und das Problem der Widersprüche bezeichnet. Bei Widersprüchen muss eine Aussage richtig und die andere falsch sein. Gegensätze können beide richtig sein, obwohl sie beide falsch sein können und daher ihre Widersprüche beide richtig sind. So sind zum Beispiel beide Aussagen »Jeder Politiker ist ein Lügner« und »Kein Politiker ist ein Lügner« beide falsch. Doch ihre Widersprüche »Manche Politiker sagen die Wahrheit« und »Manche Politiker sagen nicht die Wahrheit« werden beide für wahr gehalten.

- Analysiert man widersprüchliche Aussagen in Bezug auf die Vergangenheit und die Gegenwart, muss eine richtig und eine falsch sein. So stellen die Sätze »Gestern regnete es« und »Gestern regnete es nicht« binäre Gegensätze dar (es regnete oder nicht). Wird das Subjekt jedoch in einer künftigen Aussage verwendet, trifft die Wahr-Falsch-Regel nicht zu, weil dies Zufallselemente verneinen würde.

Das Problem künftiger
kontingenter Ereignisse

Aristoteles formulierte das Zufallsproblem in künftigen Aussagen durch das sogenannte »Seeschlachtbeispiel«. Nehmen wir die Aussage »Es wird eine Seeschlacht stattfinden« und ihren Gegensatz »Es wird keine Seeschlacht stattfinden«. In beiden Fällen wird entweder die eine oder die andere Aussage falsch sein, wenn es um die Übereinstimmung mit einer künftigen Wirklichkeit geht.

Sollte es jedoch tatsächlich eine Seeschlacht geben, dann war die Aussage, dass es eine Seeschlacht gebe, immer richtig, denn was in der Zukunft richtig ist, ist auch in der Vergangenheit richtig. Fände im Gegensatz dazu keine Seeschlacht statt, dann stimmte die Aussage, es würde keine Seeschlacht geben, ebenfalls.

Aber diese Gegensätzlichkeit von künftigem Ereignis und vergangener Wahrheit wirft folgendes Problem auf: Falls es immer wahr gewesen sein sollte, dass es eine Seeschlacht geben würde, dann gäbe es auch nie einen Zeitpunkt, an dem jemand sie verhindern könnte. Und wenn es im Gegenzug immer wahr gewesen wäre, dass es keine Seeschlacht gäbe, dann gäbe es auch keinen Zeitpunkt, an dem jemand sie angezettelt haben könnte. Folglich ist entweder das Ereignis der Seeschlacht oder das Nicht-Ereignis der Seeschlacht notwendig. Und die »Notwendigkeit«, die dieses Argument Ereignissen verleiht, ist die Notwendigkeit der Vergangenheit. Also sollten wir daran denken, wie machtlos wir sind, wollten wir die Beschaffenheit der Zukunft beeinflussen, so wie wir uns unserer Unfähigkeit bewusst sind, die Beschaffenheit der Vergangenheit zu beeinflussen. So wie uns jetzt die Vergangenheit verschlossen ist, so verhält es sich auch mit unserer Zukunft.

Die grundsätzliche Lösung von Aristoteles bestand in der Leugnung, dass Aussagen über künftige kontingente Ereignisse einen Wahrheitsgehalt haben, sodass die Aussagen »Es wird eine Seeschlacht stattfinden« und »Es wird keine Seeschlacht stattfinden« weder wahr noch falsch sind:

Da nun die wahren Aussagen sich so verhalten, wie die Gegenstände sich verhalten, so ist klar, dass überall da, wo die Gegenstände sich so verhalten, dass das Entgegengesetz-

te, je nach dem es sich trifft, eintreten kann, notwendig auch die einander entgegenstehenden Aussagen sich so verhalten müssen. Dies ist nun der Fall bei Gegenständen die nicht immer sind oder die nicht immer nicht-sind. Bei diesen muss allerdings notwendig die eine der sich widersprechenden Aussagen wahr oder falsch sein, aber nicht gerade die bestimmte eine oder die bestimmte andere, sondern so wie es sich trifft. Auch kann wohl die eine mehr wahr sein, aber doch nicht schon jetzt wahr oder falsch. Hieraus erhellt, dass nicht notwendig von jeder entgegengesetzten Bejahung und Verneinung die eine wahr und die andre falsch sein muss; denn so, wie mit den da-seienden Dingen, verhält es sich nicht mit denjenigen nicht-seienden Dingen, die sein oder nicht sein können, vielmehr verhalten sich diese so, wie ich gesagt habe.

ARISTOTELES *DE INTERPRETATIONE*
(ÜBERSETZUNG: JULIUS VON KIRCHMANN, 1876, 1883)

WAS IST BEDEUTUNG?

Im 19. und 20. Jahrhundert erfuhr das Interesse an der Sprachphilosophie eine Art Renaissance, vor allem durch die Pionierarbeit von Gottlob Frege (1848–1925), Ludwig Wittgenstein und Bertrand Russell (1872–1970) sowie nach der Veröffentlichung von *Grundfragen der allgemeinen Sprachwissenschaft* von Ferdinand de Saussure (1857–1913), ein Werk, das 1916 posthum erschien.

Saussures These erwies sich als äußerst einflussreich und ebnete den Weg für die Entwicklung der Semiotik (der Wissenschaft der Zeichen und Symbole) und des Strukturalismus (eines theoretischen Bezugsrahmens zur Freilegung von Mustern im menschlichen Denken und Verhalten). Was Saussures Beitrag zur Linguistik betrifft, beruhte die Theorie auf der Grundlage, dass Sprache aus zwei separaten Ebenen besteht, die er als *langue* (Sprache) und *parole* (Sprechen) definierte.

- Die Ebene von *langue* hat mit den zugrundeliegenden Prinzipien und systematischen Regeln, Abstraktionen und Konventionen zu tun, aus denen eine Sprache besteht (Saussure benutzte den Begriff »Bedeutungssystem«, da *langue* auf visuelle oder nonverbale Sprachen verweisen kann).

- *Parole* bedeutet Sprechen und ist der Akt der Kommunikation, entweder verbal, durch Schreiben oder über Zeichen und Gesten. Wenn wir das Verhältnis der zwei Bestandteile eines Zeichens zueinander mithilfe der *langue* verstehen, können wir den Kern der Kommunikation oder *parole* erkennen.

Ohne die Kenntnis von *langue* bestünde *parole* aus sinnlosen Klängen oder willkürlich zusammengestellten Symbolen. Saussure benutzt das Schachspiel als Analogie, um zu erklären, wie *langue* und *parole* zusammenarbeiten. *Langue* entspricht den Regeln eines Schachspiels, während *parole* durch die Züge der einzelnen Spieler repräsentiert wird. Es ist möglich, alle individuellen Züge in einem Schachspiel (parole) zu analysieren und aus dieser Analyse (durch Identifizierung der sich wiederholenden

Muster) die Regeln abzuleiten, die das Spiel bestimmen. Aber letztlich ist alles, was dieser Vorgang mit sich bringt, die Aufdeckung der *langue* – das leitende Prinzip, das das Spiel als ein zusammenhängendes Ganzes funktionieren lässt.

Obwohl Saussure Vorstellungen einen theoretischen Bezugsrahmen für die Struktur der Bedeutung in der Kommunikation darstellen, gelingt es ihnen nicht, in Angriff zu nehmen, wie Bedeutung in Zusammenhang mit der Welt um uns herum steht und sie repräsentiert. Frege schlägt vor: Um zu verstehen, wie Sprache die Wirklichkeit widerspiegelt, ist eine Unterscheidung innerhalb unserer intuitiven Auffassung von Bedeutung nötig, was annähernd Saussures' *langue* entspricht.

Frege war ein früher Befürworter einer sogenannten »Vermittelten Referenztheorie« in der Linguistik, doch worum geht es dabei?

- Worte oder Zeichen verweisen auf etwas in der Außenwelt, und mit der Bedeutung eines Zeichens ist mehr verbunden als lediglich das Objekt (oder Ding), worauf sich das Zeichen bezieht.

- Frege machte diese Unterscheidung, indem er den semantischen Wert einer jeden Äußerung (einschließlich Sätzen) in zwei Bestandteile aufteilte, die er *Sinn* und *Bedeutung* nannte.

- Der *Sinn* eines Satzes ist der abstrakte, universelle und objektive Gedanke, den er zum Ausdruck bringt, aber auch die Darstellungsform eines Objekts, auf das er sich bezieht.

- Die *Bedeutung* ist das Objekt in der realen Welt, mit dem Worte im Zusammenhang stehen, insofern sie einen Wahrheitsgehalt (wahr oder falsch) darstellen.

- Sinn definiert Referenz, aber Namen, die auf denselben Gegenstand verweisen, können einen jeweils anderen Sinn haben.

- Frege veranschaulicht sein Argument anhand zweier Begriffe, die im Allgemeinen benutzt werden, um den Planeten Venus zu beschreiben: »Morgenstern« und »Abendstern«. Obwohl beide Bezeichnungen dieselbe *Bedeutung* ha-

Noam Chomskys Sprachrevolution

Mitte der 1950er-Jahre zettelte der amerikanische Linguist und Philosoph Noam Chomsky (geb. 1928) eine Revolution in der linguistischen Analyse und in seinem Werk *Strukturen der Syntax* (1957) an. Er stellte die akzeptierte Ansicht infrage, dass Kinder Sprache durch Unterricht und Erfahrung erwerben. Aus seiner Sicht legte die Geschwindigkeit, mit der Sprache gemeistert wird, nahe, dass es eine angeborene Veranlagung für Sprache geben müsse. Er verstand dies so, dass eine nicht erlernte Universalgrammatik existiert, die Regeln zur Verfügung stellt, die umgehend erkannt werden, unabhängig von der gerade in Angriff genommenen Sprache: Tiefenstrukturen, die auf die Universalgrammatik verweisen, die alle Sprachen gemeinsam haben, und Oberflächenstrukturen, die spezielle Klänge und Worte abdecken, die in einer bestimmten Sprache benutzt werden. Chomsky glaubt, dass wir alle eine Veranlagung für Sprache haben, und er bekräftigte die rationalistischen und empirischen Auswirkungen seiner Idee in seinem Buch *Cartesianische Lingustik* (1966).

ben, ist der *Sinn* in der Wirklichkeit anders, da die Venus zu unterschiedlichen Tageszeiten sichtbar sein kann.

Die Antwort auf die Frage »Was ist Bedeutung?« ist komplizierter als vermutet. Ein Wörterbuch definiert Bedeutung als den durch Worte oder Zeichen (oder Handlungen) vermittelten Inhalt, ausgetauscht von Leuten, die absichtlich oder unbeabsichtigt mithilfe einer Form von Sprache miteinander kommunizieren. Man könnte einwenden, dass es zwei unterschiedliche Formen linguistischer Bedeutung gibt. Erstens begriffliche Bedeutungen, die auf die Definitionen von Wörtern selbst und auf die Aspekte solcher Definitionen Bezug nehmen, einschließlich ihres individuellen semantischen Wertes. Zweitens assoziative Bedeutungen, die sich auf die individuellen geistigen Identifizierungen der kommunizierenden Person beziehen. Diese können Reflexionen zeigen und / oder durch kollektive und soziale Konnotation bestimmt sein.

WITTGENSTEIN UND DIE GEBRAUCHSTHEORIE DER BEDEUTUNG

Ludwig Wittgenstein gehörte zu den bedeutendsten Philosophen des 20. Jahrhunderts. Er veröffentlichte zwei Bücher, die der Sprachphilosophie gewidmet waren: *Tractatus logico-philosophicus: Logisch-philosophische Abhandlung* (1921) und *Philosophische Untersuchungen* (1953). Der bemerkenswerte Aspekt von Wittgensteins Ausführungen über Sprache ist der radikale Unterschied seines Standpunkts zwischen den beiden Werken. Der *Tractatus* (den er an der University of Cambridge als Dissertation einreichte) skizziert die Grundlage für eine gegenständliche Sprachtheorie, die er »Bildtheorie« nannte.

Für Wittgenstein ist, zumindest was sein Frühwerk betrifft, das, was wir unter der »Wirklichkeit« der »Welt« verstehen, ein riesiges Konglomerat von Aussagen. Es ist der Zweck von Aussagen, Tatsachen (wahre oder falsche) zu begründen, und hauptsächlich Tatsachen, die sich in Sprache sehen oder »abbilden« lassen. »Die Welt ist die Gesamtheit der Tatsachen, nicht der Dinge«, behauptete er, und unser

Verständnis dieser Tatsachen wird zwangsläufig durch Logik arrangiert. Daher ist es die Absicht der Philosophie, die Sprache auf ihre logischen Formen zu reduzieren, damit wir ein klareres Bild der wirklichen Welt bekommen. Das Problem ist natürlich, dass Sprache, die sich nicht mit diesen bildhaften Tatsachen auseinandersetzt – Spekulationen, Gefühle, ästhetische Beschreibungen, Werturteile – und sich nicht der reinen Logik fügt, sich folglich als sinnlos erweist. Daher stammt auch Wittgensteins geflügeltes Wort am Ende von *Tractatus*: »Wovon man nicht sprechen kann, darüber muss man schweigen«, oder, anders ausgedrückt, Sprache und im weiteren Sinn menschliches Denken sind hinsichtlich der Welt, wie sie wirklich ist, beschränkt.

Der *Tractatus* hatte zwischen den beiden Weltkriegen großen Einfluss auf eine Gruppe von Akademikern an der Wiener Universität. Sie wurden unter dem Namen logische Positivisten bekannt und machten sich daran, durch Anwendung von Logik auf philosophische Probleme Aussagen zu widerlegen, die sie als »nicht verifizierbar« erachteten. Wittgenstein gehörte jedoch nicht zu dieser Gruppe oder hatte nicht gesagt, was er nicht sagen konnte. Er gab die Fachrichtung auf, wurde Schullehrer, Gärtner, schulte erneut um und wurde Architekt. Für seine Schwester Gretl entwarf und baute er ein Haus in Wien.

Einer der Kernpunkte des Wittgensteinschen Denkens kommt in seinem zweiten Werk *Philosophische Untersuchungen* zum Vorschein. Darin wird die Veränderung in seinem Denken während seiner zweiten Phase in Cambridge erkennbar. Seine Ansicht, Sprache sei eine der Welt auferlegte festgelegte Struktur, wandelte sich zur Vorstellung, sie sei veränderlich und eng mit unseren Alltagsgeschäften und gesellschaftlichen Lebensformen verbunden. Die Bedeutung in der Sprache, behauptete Wittgenstein, wäre nicht, wie er zuvor erklärt hatte, ein Prozess der Abbildung der logischen Form der Welt wie sie ist. Bedeutung in der Sprache wird von herkömmlich definierten Begriffen abgeleitet, die »Sprachspiele« bilden und sich in unserem Alltagsleben abspielen. »In den meisten Fällen ist die Bedeutung eines Wortes sein Gebrauch (in der Sprache)«, schrieb er und bestätigte, dass sich Bedeutung nicht von der Bedeutung der Worte an und für sich ableite, sondern von der Art und Weise, wie sie ausgedrückt

Wittgenstein: wie man Freunde gewinnt und Menschen beeinflusst

Auf den Vorschlag seines Freundes und Mentors Bertrand Russell (und um einen Lehr- und Forschungsauftrag in Cambridge zu bekommen), wurde Wittgenstein ermutigt, das Manuskript von *Tractatus Logico Philosophicus* einzureichen, um seinen Doktortitel zu bekommen. Das Gremium für die mündliche Prüfung bestand aus Russell, G. E. Moore (1873–1958) und Norman Malcolm (1911–1990), drei der bedeutendsten Intellektuellen Großbritanniens. Wittgenstein soll die Sitzung damit eröffnet haben, dass er seine Arbeit auf den Tisch knallte und sagte: »Wir könnten den ganzen Tag darüber reden, und Sie drei würden es trotzdem nie verstehen«. Moore bemerkte später, er habe den größten Teil des *Tractatus* schwer verständlich gefunden, aber die Arbeit habe deutlich über den Anforderungen für eine Dissertation gelegen, sodass er der Verleihung des Doktortitels zustimmte.

werden, und von den Zusammenhängen, in denen sie angewendet werden. Dieses Kommunikationsmodell ist auf konventionell anerkannte Begriffe und

Zeichen angewiesen, die sich auf einen bestimmten linguistischen Kreis beschränken.

In diesem Modell geht Kommunikation einher mit der Verwendung konventioneller Begriffe, und zwar auf eine Art und Weise, die von der linguistischen Gemeinschaft anerkannt wird. Hinzu kommt ein traditionell akzeptiertes »Sprachspiel«. Wittgensteins Theorien lassen auch nonverbaler Sprache, Gestik, Bewegung und Körpersprache Freiraum und behaupten zum Beispiel, dass Menschen deshalb nicht direkt mit den meisten Tieren kommunizieren können, weil wir deren Sprachspiele nicht besser verstehen, als sie unsere verstehen können.

Um den Gebrauchswert von Sprache weiter auszuführen, trifft Wittgenstein eine Unterscheidung zwischen öffentlicher und privater Sprache. Die historische Unterscheidung zwischen den beiden liegt darin, dass sich öffentliche Sprache auf die im Diskurs (Kommunikation) benutzte Sprache bezieht, während private Sprache mit der Sprache unseres Geistes (unserem inneren Denken) zu tun hat. Wittgenstein war davon überzeugt, dass jede Sprache gesellschaftlich erworben wird und daher jede Sprache eine öffentliche Sprache der einen oder anderen

Form ist, und dass es private Sprache nicht ohne Isolierung von einem gewissen Kontext geben kann. Wittgenstein verwendet die Metapher eines Zwischenrads, um die Ansicht zu verwerfen, die private Sprache des Geistes könnte unabhängig existieren: »Ein Rad, das gedreht werden kann, aber nichts anderes bewegt sich mit ihm«.

Der exzentrische Wittgenstein

Während seiner Zeit in Cambridge war Wittgenstein sowohl für seinen intellektuellen Scharfsinn als auch für sein oftmals exzentrisches Verhalten bekannt. Ein früherer Kollege und guter Freund, der Mathematiker und Philosoph Norman Malcolm, beschreibt in seinen Memoiren mit lebhaften Details Wittgensteins groteske Mätzchen. Hier sind nur drei Beispiele:

- In einer berüchtigten Anekdote, die von seinen Anhängern häufig abgestritten wurde, wird behauptet, er habe einmal während einer Sitzung des Cambridge University Moral Science Club den hochverehrten Philosophen Karl Popper mit einem rotglühenden Feuerhaken bedroht.

- Wittgensteins Vorlesungen, die Malcolm häufig besuchte, begannen mit einer einfachen Prämisse – der Wittgenstein normalerweise nicht zustimmte – die sich in mehrere Exkurse verzweigte, bis er ein interessanteres Gesprächsthema fand. Hin und wieder unterbrach er plötzlich seine Rede und starrte die Studenten an, als erwartete er eine Frage. Doch es herrschte meistens Stille, und es konnten bis zu zwanzig Minuten vergehen, bevor Wittgenstein wieder anfing zu sprechen.

- Bei Ausbruch des Zweiten Weltkriegs war Wittgenstein, der erst kurz zuvor zum ordentlichen Philosophieprofessor ernannt worden war, so erbost über den Konflikt, dass er während des Blitzkriegs einen Job als Pförtner in einem Londoner Krankenhaus annahm. Zu seinen Pflichten gehörte die Verteilung von Medikamenten auf den Krankenstationen. In echter Wittgenstein-Manier verwickelte er seine Patienten in philosophische Streitgespräche über das Wesen von Schmerz und Leiden, um sie vom Einnehmen der Medizin abzuhalten.

Warum können Hunde Schmerzen nicht simulieren?

Als ihn die Strenge seines intellektuellen Strebens allmählich erschöpfte, bestand Wittgensteins wichtigste Entspannungsmethode darin, sich nicht etwa zweitklassige Western im Kino anzuschauen, sondern lange Spaziergänge am Flussufer zu machen. Malcolm stellte fest: Wenn Wittgenstein, bekannt für sein hitziges Temperament und seine Heftigkeit, eins mit der Natur war, konnte er sich entspannen und Witze reißen, normalerweise über ein philosophisches Thema.

Bei einer Gelegenheit wandte sich Wittgenstein völlig unvermittelt an Malcolm und fragte ihn: »Warum können Hunde keine Schmerzen simulieren? Glaubst du, es liegt daran, dass sie zu ehrlich sind?« Wittgensteins raffinierter Witz ist keine Aussage oder empirische Wahrheit über Hunde und ihre Ehrlichkeit oder ihre angeborene Psychologie, egal ob erwiesen oder nicht. Es ist ein Sprachspiel mit dem menschlichen Verständnis von Konzepten, die den Worten »Hund«, »Schmerz«, »simulieren« und »ehrlich« zugeordnet werden. Wittgenstein stellt die Worte absichtlich in einen absurden Kontext, um ihren Wert infrage zu stellen.

BERTRAND RUSSELL: LOGISCHER ATOMISMUS UND DIE KENNZEICHNUNGSTHEORIEN

Wittgensteins Ideen über Sprache, vor allem, die im *Tractatus Logico Philosophicus* skizzierten, fielen bei seinem Mentor und Freund Bertrand Russell und dessen Theorie des logischen Atomismus auf fruchtbaren Boden. Russells philosophische Methode argumentierte, dass Sprache mithilfe strenger und anspruchsvoller Analyse in zwei Bestandteile aufgespalten werden könne. Sobald ein Satz nicht weiter demontiert werden kann, bleiben lediglich seine »logischen Atome« übrig. Anschließend könne durch gründliche Untersuchung der Atome, aus denen Stellungnahmen und Aussagen bestehen, die zugrundeliegenden Annahmen aufgedeckt und ihre Wahrheit oder Gültigkeit angemessen beurteilt werden.

In seinem Essay *Über das Kennzeichnen* (1905) benutzt Russell folgende Aussage, um seine Theorie zu veranschaulichen: »Der gegenwärtige König von Frankreich hat eine Glatze«. Anschließend spaltet Russell diese scheinbar unkomplizierte Aussage in seine logischen Atome auf:

- Es gibt gegenwärtig einen König von Frankreich.

- Es gibt gegenwärtig nur einen König von Frankreich.

- Der gegenwärtige König von Frankreich hat keine Haare mehr auf dem Kopf.

Russel wusste, dass die Monarchie in Frankreich 1792 abgeschafft wurde, und trotz einiger Phasen der Restauration ist Frankreich seit 1870 im Wesentlichen eine Republik gewesen. Also kann die erste Annahme als falsch erachtet werden, weil es zum Zeitpunkt der Aussage keinen »gegenwärtigen König von Frankreich« gab. Und deshalb ist auch die zweite Mutmaßung falsch.

Nimmt man jedoch die vollständige Aussage »Der gegenwärtige König von Frankreich hat eine Glatze« in ihrer Gesamtheit, dann kann man sie, obwohl sie unwahr ist, nicht als vollständig *falsch* erachten, weil ihr Gegenteil (»Der gegenwärtige König von Frankreich hat Haare auf dem Kopf«) gleichermaßen unwahr ist. Das ist deshalb der Fall, weil das Gegenteil die Annahme weiterverfolgt, es gebe einen »gegenwärtigen König von Frankreich«, obwohl es ihn nicht gibt.

Das philosophische Problem ist also folgendes: Wenn der Satz weder wahr noch falsch ist, enthält er dann tatsächlich irgendeine Bedeutung? Mit seiner Anwendung des logischen Atomismus stellt Russell eine weitere, tiefgründigere Frage: Wie ist es möglich, sinnvoll Dinge zu beschreiben, die es nicht gibt, wenn herkömmliche Konzepte von Wahrheit und Gültigkeit durch komplizierte und zweideutige Annahmen untermauert werden?

Russell glaubte, dass der geläufige, alltägliche Gebrauch von Sprache angesichts ihrer Fähigkeit, irreführend und mit Launen gespickt zu sein, nicht in der Lage wäre, die Wahrheit exakt darzustellen. Deshalb ist es ein grundlegendes Problem der philosophischen Untersuchung, sich selbst von Irrtümern und Vermutungen zu befreien und eine reine, formelle Methodik zu entwickeln, die auf der Unerbittlichkeit mathematischer Logik beruht. Hierzu schlug Russells Theorie einen Prozess für das Verstehen von Aussagen durch Identifizierung eindeutiger Kennzeichnungen vor.

Definiert als eine eindeutige Kennzeichnung sind Worte, Namen oder Satzteile, die konkrete individuelle Gegenstände oder Wesen wie »Tisch«, »Adolf Hitler« und »Amerika« bezeichnen. Russell behauptete, dass die Bedeutung (oder der semantische Gehalt) von Namen mit den von Sprechenden assoziierten Kennzeichnungen identisch ist, aber kontextuell angemessene Kennzeichnungen an Stelle der Namen treten können. Allerdings versichert Russell, dass nur unmittelbar referentielle Äußerungen die von ihm sogenannten »logisch korrekten Namen« sind wie etwa »ich«, »nun« und »hier«. Russell bezeichnete korrekte Eigennamen von Menschen oder Objekten, z. B. »London«, »David« oder »Hubschrauber« als »abgekürzte eindeutige Kennzeichnungen«, wobei der Name als Ersatz für eine detailliertere Kennzeichnung dessen dient, wer oder was die Person, der Ort oder das Objekt tatsächlich ist. »Abgekürzte eindeutige Kennzeichnungen« sind jedoch auf sich allein gestellt nicht sinnvoll, da sie nicht als unmittelbar referentiell betrachtet werden können.

Russell ersann seine Kennzeichnungstheorie als eine Möglichkeit, Probleme zu thematisieren, die von Sätzen wie »Der gegenwärtige König von Frankreich hat eine Glatze« aufgeworfen werden, von Aussagen, bei denen das Objekt, auf das sich die eindeutige Kennzeichnung bezieht, missverständlich oder nicht vorhanden ist. Solche Äußerungen nannte er »unvollständige Symbole«. Mit Russells Methode ließ sich veranschaulichen, wie Aussagen in ihre logischen Atome aufgespalten werden können. Sie zielte also darauf ab, aufzudecken, wie Wahrheit und Gültigkeit bestimmter Stellungnahmen durch grammatische Form verschleiert werden können. Russells Projekt sollte ein Werkzeug bereitstellen, mit dem Philosophen und Linguisten die in Alltagssprache verborgenen logischen Strukturen freilegen konnten, um bei der Interpretation von Argumenten und Aussagen Zweideutigkeiten und Paradoxa zu vermeiden.

JACQUES DERRIDA: WELCHE BEDEUTUNGSLOSIGKEIT?

Der französische Philosoph Jacques Derrida (1930–2004) wuchs in einer sephardischen Familie (einer vor allem in Spanien und Portugal lebenden jüdischen Ethnie) in El Biar auf, einer Stadt in Französisch Algerien. Derridas frühe Schulbildung wurde durch den Befehl der Vichy-Regierung unterbrochen, der jüdische Kinder von der staatlichen Erziehung ausschloss. Im Alter von zehn Jahren, nachdem ihm einer seiner Lehrer erklärt hatte, dass »französische Kultur nicht für kleine Juden gedacht ist«, wurde Derrida der Schule verwiesen und auf die eigenständige jüdische Schule vor Ort geschickt. Er nahm jedoch kaum am Unterricht teil, und las meistens oder spielte Fußball. In dieser Phase entdeckte er seine Leidenschaft für die Philosophie Rousseaus und Nietzsches, und als Neunzehnjähriger ging er nach Paris, um an der renommierten École Normale Superieure Philosophie zu studieren und 1954 seinen Magisterabschluss zu machen. Er lehrte Philosophie an einigen bedeutenden Universitäten auf der ganzen Welt, einschließlich der Sorbonne in Paris, der Yale University und der Johns Hopkins University in den USA. 1967 veröffentlichte er drei bahnbrechende Bücher: *Die Schrift und die Differenz, Die Stimme und das Phänomen* und *Grammatologie*. Sie bildeten die Grundlage von Derridas Sprachphilosophie und skizzierten seine analytische Methode der »Dekonstruktion«.

Derridas wichtigste Theorie war eine umfassende Ablehnung der von Saussure geschaffenen strukturalistischen Auffassung von Sprache:

- Seine Ansicht konzentrierte sich auf die menschliche Tendenz, in Gegensätzen zu denken.

- Für Saussure war die binäre Opposition das »Mittel, mit deren Hilfe die Spracheinheiten Gültigkeit oder Bedeutung erhalten; jede Einheit ist im Vergleich zu ihrem Gegenteil definiert.« Mit dieser Kategorisierung neigen Begriffe und Konzepte dazu, mit etwas Positivem oder Negativem assoziiert zu werden. Solche Paarungen schließen zum Beispiel Vernunft und Leidenschaft, Mann und Frau, Innen und Außen, Gegenwart und Abwesenheit, Sprache und Schrift mit ein.

- Aber Derrida behauptete, dass diese Oppositionen willkürlich und grundsätzlich instabil seien. Oder anders ausgedrückt: Warum ist ein Teil des Gegensatzes positiv und der andere negativ und warum nicht umgekehrt?

- Außerdem glaubte er, dass mit der »Dekonstruktion« dieser Gegensätze die Strukturen selbst anfangen, miteinander zu verschmelzen, sich aufzulösen, sich zu überlappen und in Widerstreit geraten, sodass sie sich innerhalb des Textes auflösen.

Daher lehnt die Dekonstruktion die binäre Opposition mit der Begründung ab, dass solche Oppositionen stets einen Begriff vor dem anderen bevorzugen. In Saussureschen Begriffen herrscht das »Signifikat« (die Bedeutung) über den »Signifikanten« (das Zeichen oder Symbol). In Derridas Dekonstruktion verschwimmt die Trennung zwischen Symbol und Bedeutung.

Derrida verwendet den Begriff »Logozentrismus«, um zu beschreiben, was er als den weit verbreiteten Irrtum in der abendländischen Philosophie erachtet, dass nämlich Sprechen und nicht Schreiben von zentraler Bedeutung für die Sprache ist. Der Logozentrismus schlägt Folgendes vor:

- Sprechen ist der ursprüngliche Signifikant (Zeichen) der Bedeutung, während das ge-

schriebene Wort vom gesprochenen Wort abgeleitet ist.

- Das geschriebene Wort ist daher eine Darstel-
lung des gesprochenen Wortes.

- Sprache entsteht als ein Denkprozess, der wiederum das Sprechen hervorbringt, und dieses
Sprechen bringt anschließend das Schreiben
hervor.

- Der Logozentrismus selbst ist jene Beschaffenheit von Texten, Ideen, Darstellungsweisen
und Kennzeichnungssystemen, die ein Bedürfnis für einen unmittelbaren Bezug zu Bedeutung, Dasein und Erkenntnis erschafft.

Derridas Dekonstruktion ist eine Strategie kritischer
Infragestellung, die darauf ausgerichtet ist, die
scheinbar unanfechtbaren, metaphysischen Annahmen und internen Widersprüche aufzudecken, die
typisch für philosophische und literarische Sprache
sind. Die Methode hat mit einer »Praxis« des Lesens
von Texten zu tun, die er »Dezentrierung« nennt. Da-

bei achtet man genauso sehr auf Abwesendes oder Unausgesprochenes wie auf das, was offensichtlich und ureigen ist. Mit der Ablehnung von Konzepten wie »Analyse« und »Interpretation« zielt die Dekonstruktion darauf ab, die inhärente Instabilität von Bedeutung in der Sprache zu entlarven sowie die Vermutungen hinter der Frage, wie Sprache im Diskurs funktioniert.

7

Alles Wissenswerte über die

PHILOSOPHIE DER LIEBE

Die Philosophie der Liebe ist ein Gebiet gesell-schaftlicher Philosophie, das die Vorstellung von Liebe in ihren unterschiedlichen Formen und in ihren Auswirkungen auf zwischenmenschliche Beziehungen untersucht. Aus philosophischer Pers-pektive betrachtet, ist das Wesen der Liebe seit der Zeit der alten Griechen eine tragende Säule der phi-losophischen Forschung gewesen und hat vielfäl-tige Theorien hervorgebracht. Angefangen mit einer materialistischen Vorstellung von Liebe, die eng verknüpft ist mit körperlichem Begehren und genetischem Drang, reicht das Spektrum bis zu einer spirituellen Auffassung der Liebe als eine tiefe Verbindung zwischen Individuen, die Tugend, Freundschaft und Glück fördert. In der Theologie wird häufig eine Unterscheidung getroffen zwischen weltlicher Liebe, die zwischen Menschen (und Menschen und Objekten) existiert und weltferner Liebe wie zum Beispiel transzendente, bedingungslose und wechselseitige Liebe Gottes zu den Menschen und des Menschen zu Gott. Die Philosophie der Liebe stellt Fragen wie diese:

- Was ist Liebe?

- Was ist die Beziehung zwischen dem Liebenden und dem Geliebten? Wie verhält sich die Liebe zur Pflicht und zur Verantwortlichkeit?

SOKRATES: DIOTIMAS »LIEBESLEITER«

In Platons *Symposion* skizziert Sokrates eine bestimmte Auffassung. Falls Liebe materiell sei, erklärt er, dann bestehe sie aus etwas, und falls sie aus etwas bestehe, dann ist sie ein Objekt des Begehrens, folglich etwas, das besessen werden will. Anschließend gibt Sokrates nochmals einen Dialog mit der Hohepriesterin Diotima von Mantineia wieder, die seiner Ansicht nach eine Expertin sei, was die Liebe betrifft.

Diotima (deren Name »die von Zeus geehrte« oder »die Zeus Ehrende« bedeutet) erklärt, dass Liebe in der ersten Form aus dem Begehren nach schönen und außergewöhnlich guten Dingen bestehe, vor allem aber nach Weisheit, die sowohl schön als auch gut ist. Diotima fügt hinzu, dass man Liebe nicht mit dem Objekt der Liebe verwechseln darf, die, im Gegensatz zu Eros (die Liebe selbst und der Gott der sinnlichen Liebe und des Begehrens) von vollkommener Schönheit und absolut gut ist. Die Griechen glaubten, Eros sei die den Geist antreibende menschliche Liebe, und obwohl dies ein Ausgangspunkt sei, sei dies nicht Liebe, sondern ein seichtes Begehren, um das Objekt der Zuneigung zu besitzen. In einem berühmten Abschnitt bestätigt Diotima, dass Liebe in diesem Sinn kein Gott sei, aber Eros ist in Wahrheit ein Kind der Armut, immer bedürftig, aber stets einfallsreich. Danach unterweist Diotima Sokrates darin, wie man die *scala amoris* (Liebesleiter) emporsteigt:

- Der erste Schritt besteht darin, eine schöne, vollkommene Jugendlichkeit anzustreben.

- Als nächstes rücke man davon ab, einen einzigen Körper zu lieben und erkenne die Eigenschaften, die er mit anderen schönen Körpern teilt, und verstehe, dass es ein Unsinn ist, nur einen einzigen schönen Körper zu lieben. Diese Erkenntnis führt zur nächsten Leitersprosse.

- Weiß man die Schönheit von Allem zu schätzen, lernt man zu würdigen, dass die Schönheit der Seele großartiger ist als die Schönheit des Körpers und lernt wiederum, jene zu lieben, die eine schöne Seele haben, unabhängig davon, ob sie auch einen schönen Körper haben.

- Die Erkenntnis, dass man über den Bereich der körperlichen Liebe hinausgegangen ist, führt zum Verständnis der Schönheit, die in anderen Bereichen zu Hause ist und dass Praktiken und Bräuche und die unterschiedlichen Formen des Wissens ebenfalls an einer alltäglichen Schönheit teilhaben. Bewältigt das Individuum diese nächste Leitersprosse, kann es die Schönheit an und für sich verstehen und erleben, statt vielfältigen, oberflächlichen Spielarten der Schönheit zu begegnen.

• Einfach ausgedrückt, ist Diotimas Liebesleiter eine Reise der Selbstverwirklichung, auf der man über die verschiedenartigen Erscheinungsformen von Tugend und Schönheit hinausgeht und sie gegen die Tugend selbst eintauscht. Es ist naheliegend, dass das endgültige Ziel dieser Reise der Liebe und des Lebens die Unsterblichkeit der Seele und die Verehrung der Götter ist.

In seiner *Nikomachischen Ethik* (ca. 350 v. Chr.) stellt Aristoteles einen Liebesbegriff vor, der sich um die Tugenden von Freundschaft und Loyalität dreht und den er *philia* nennt. Für Aristoteles gehört zum Streben nach *Eudaimonia* (Glück oder ein glückliches oder erfülltes Leben) die Ausübung von Vernunft, weil die Fähigkeit zu schlussfolgern die unverwechselbare Tätigkeit des Menschen ist. Dennoch könnte man behaupten, dass eine weitere charakteristische Aufgabe des Menschen nicht nur die Fähigkeit zum Schlussfolgern ist, sondern auch die Begabung, sinnvolle, liebevolle Beziehungen zu knüpfen.

Aristoteles betrachtete *philia* als Hinwendung der Liebe zu Familien, Freunden und Gemeinschaften durch die Ausübung von Tugenden wie Gleichheit, Großzügigkeit des Geistes und schlichte Liebenswürdigkeit. Außerdem behauptet er, *philia* könne auch in einem abstrakten und gefühlsbetonten Sinn ausgeübt werden, um zu beschreiben, wie Liebe mithilfe von Erfahrung und Gefühlen erforscht werden kann, angeregt durch die Schönheit von Kunst, Poesie, Musik und die Liebe zur Natur.

Platon bringt diese Positionen in Einklang miteinander, indem er Begehren (Eros), Freundschaft (*philia*) und Philosophie (die Liebe zur Weisheit) zu einer einzigen Gesamterfahrung verschmilzt, die das menschliche Dasein überschreitet und verwandelt und es mit den zeitlosen und universellen Wahrheiten des Ewigen und Unendlichen (der griechischen Vorstellung von *agape* oder weltferner Liebe) verknüpft. Für Platon haben Wahrheit und Authentizität einen höheren Stellenwert als Vernunft oder Liebe, einen höheren Wert sogar als das Glück, das lediglich die Erscheinungsform ihrer Anwesenheit ist.

Was ist platonische Liebe?

Wie die meisten Leute wissen, ist eine platonische Beziehung liebevoll, sogar intim, verzichtet jedoch auf sexuelle Handlungen. Nicht viele Leute wissen, dass diese Definition auf Platon und seine »Formenlehre« zurückgeht. Platon behauptet, dass jenseits des sexuellen Begehrens, das permanent die materielle Welt durchdringt und sofortige Befriedigung verlangt, die idealisierte Form von Schönheit liegt, die wahre Liebe anstrebt, nämlich die platonische Liebe.

JEAN-PAUL SARTRE:
LIEBE ALS KAMPF UND KONFLIKT

Sartre (1905–1980) war ein bedeutender Befürworter der philosophischen Lehre des Existentialismus, die er in seinen zahlreichen literarischen Werken skizzierte, zu denen kritische Essays, Romane und Theaterstücke gehören. Von zentraler Bedeutung für sein Denken ist die Auffassung, dass die Menschen keine unentbehrliche »Essenz« haben – menschliche Wesen werden geboren und existieren, aber da es keinen Gott gibt, hat das menschliche Leben keine Essenz – »die Existenz geht der Essenz voraus«.

In seinem gefeierten Essay *Der Existentialismus ist ein Humanismus* (1946) schreibt Sartre: »Was meinen wir, wenn wir sagen, dass die Existenz der Essenz vorausgeht? Das bedeutet, dass der Mensch erst existiert, auf sich selbst trifft, in die Welt eintritt, und sich erst dann definiert. Wenn der Mensch, so wie ihn der Existentialist begreift, nicht definierbar ist, so darum, weil er zunächst überhaupt nichts ist.«

Sartre behauptet:

• Wenn Menschen ihr eigenes Sein analysieren, dann entdecken sie, dass im Zentrum davon *nichts* ist.

- Dieses »Nichts« ist jedoch Segen und Fluch zugleich.

- Einerseits sind die Menschen völlig frei, ihr eigenes »Selbst« zu erschaffen und das Leben zu leben, das sie sich wünschen. Andererseits hat diese Freiheit einen Preis oder, aus negativer Sicht betrachtet, eben deshalb, weil nichts da ist, was uns davon abhält, frei zu sein.

Daher versichert er in seinem Buch *Das Sein und das Nichts* (1943), »dass der Mensch, dazu verurteilt ist frei zu sein, das Gewicht der gesamten Welt auf seinen Schultern trägt: er ist für die Welt und für sich selbst als Seinsweise verantwortlich«. Obwohl wir, einzeln betrachtet, bewusste Wesen sind, bedürfen wir der Anerkennung durch andere, um unsere Essenz zu bestätigen und uns als wirklich fühlen zu lassen. Kurz gesagt, um unser eigenes Selbst zu erschaffen und uns vollständig zu fühlen, müssen wir unser »Nichts« dem »Sein« eines anderen anschließen.

Hinsichtlich menschlicher Beziehungen bringt Sartre das Problem ins Spiel, wie Individuen ihre

Freiheit zur Selbstbestimmung mit dem Bedürfnis in Einklang bringen, von »jemand anderem« gewollt zu werden, um ihr Sein anzuerkennen. Hier ist das Argument:

- Hinsichtlich der Liebe möchte das Liebe suchende Individuum von jemandem geliebt werden, der sich frei dafür entschieden hat, es zu lieben.

- Sartre verwendet die Sage von Tristan und Isolde, die ewige Liebe gewinnen, weil sie versehentlich einen Liebestrank trinken. Es ist ein Beispiel für falsche Liebe, weil sie sich nicht bewusst oder frei miteinander verbunden haben.

- Das Problem ist jedoch auf den Versuch zurückzuführen, das freie Bewusstsein anderer Menschen in Objekte zu verwandeln, was unmöglich ist. Wir können Menschen nicht auf dieselbe Weise besitzen, wie wir ein Objekt besitzen, weil Objekte diesen Besitz nicht erwidern können. Der Mensch kann versuchen, andere emotional oder materiell abhängig zu machen, kann aber niemals das Bewusstsein eines anderen besitzen.

- Die größte Chance der Menschheit auf Glück oder Erfolg in Beziehungen ist es, trotz des natürlichen Wunsches, den anderen zu »besitzen«, dessen Freiheit anzuerkennen und sie ihm zuzugestehen.

Beim Versuch, eine Person wie ein Objekt zu besitzen, sind die Menschen zwangsläufig bemüht, die bewusste Freiheit ihrer Lieben, sie zu brauchen, zu besitzen: »Der Liebende will für den Geliebten ›die ganze Welt‹ sein«. Der Liebende muss das »Fundament« für den Geliebten sein und für ihn die äußerste Grenze seiner Freiheit darstellen. Er möchte, dass der andere sich frei dafür entscheidet, darüber hinaus nichts zu empfinden. Aus der Perspektive des Liebenden schreibt Sartre: *»Ich darf nicht mehr auf dem Welthintergrund als ein ›Dieses‹ unter anderen Dieses gesehen werden, sondern die Welt muss sich von mir aus enthüllen.«*

Ironischerweise, behauptet Sartre, verzichte der Liebende mit dem Wunsch, die Freiheit des Gelieb-

Hältst du dich an dein eigenes Wort?

Jean Paul Sartre hielt sich allemal an sein eigenes Wort, wenn es um Beziehungen ging. Nachdem er 1929 die Schriftstellerin Simone de Beauvoir (1908–1986) kennengelernt hatte, wurden die zwei jungen Akademiker ein Paar und hielten eine offene Beziehung aufrecht, die bis zu Sartres Tod im Jahr 1980 dauerte. Wenngleich sie zu den berühmtesten »literarischen Paaren« des 20. Jahrhunderts gehörten, heirateten sie nie, lebten nie zusammen und hatten keine gemeinsamen Kinder. Das war teilweise der Rebellion gegen das geschuldet, was sie beide als die bürgerlichen Werte ihrer

ten zu besitzen, auf seine eigene Freiheit, und zwar durch den Akt der Forderung, er müsse das Zentrum der Existenz des Geliebten sein. An diesem Punkt kommt das eigentliche Dilemma des Liebenden zum Vorschein, weil er von seinem Geliebten abhängig ist, und diese Abhängigkeit entfremdet ihn von seiner eigenen Freiheit: »Aber gerade wer geliebt werden will, der entfremdet seine Freiheit, insofern er will, dass man ihn liebt«.

jeweiligen Erziehung verstanden, aber auch als eine Verpflichtung, ihrer Fähigkeit zu Freiheit und Erfahrung keine falschen Grenzen zu setzen. Sowohl Sartre als auch de Beauvoir hatten während ihrer Beziehung andere Liebhaber. Letztere bekanntermaßen den amerikanischen Romanautor Nelson Algren, den de Beauvoir in ihren Briefen mit »mein geliebter Ehemann« ansprach. Obwohl die beiden französischen Schriftsteller nicht zusammenlebten, trafen sie sich täglich, wenn sie in Paris waren, tranken Kaffee, rauchten Kette, lasen die Werke des Partners und ermutigten sich gegenseitig – ein Modell, die Freiheit des Anderen in einer Beziehung anzuerkennen.

Die Kraft von Liebesbeziehungen liegt für Sartre darin, dass eine Person ihren Zustand des Nichts mit dem Sein einer anderen verschmilzt. Obwohl Menschen auf die Bestätigung ihrer »Essenz« durch den »Anderen« angewiesen sind (sonst befinden wir uns im Zustand des Nichts), sind wir in der Liebe ständig verunsichert, weil wir, anstatt das Zentrum der Welt des Geliebten zu sein, jeden Moment nur noch einer unter vielen sind – ein »Dieses« unter »Diesen«.

Daher wird die Liebe wegen des Unvermögens, jemals wirklich das Bewusstsein eines anderen zu besitzen, eine Angelegenheit des Kampfes und des Konflikts. Sartre erklärt, das der Liebende das Bedürfnis spürt, vom Objekt seiner Leidenschaft geliebt zu werden, aber auf diese Weise durch Einwilligung und Duldung und, eingeengt durch die Erwartungen des Geliebten, sich selbst von einem freien Subjekt in ein Objekt verwandeln kann. Dies, führt Sartre aus, ähnele einer Form von Masochismus. Andererseits kann der Liebende versuchen, seinen Geliebten zu kontrollieren, indem er dessen Freiheit und Essenz einschränkt und dadurch seine Individualität subjektiviert, was für Sartre einer Form des Sadismus gleichkommt.

Der Kampf zwischen Objektivität und Subjektivität steht im Zentrum aller Konflikte und ungelösten Probleme der Liebe. Beziehungen stellen einen andauernden Kampf zwischen Liebenden dar, die danach verlangen, ihre gegenseitige Freiheit zu erkennen und einander als Objekt besitzen wollen. Nimmt man dem anderen die Freiheit, ist er nicht mehr attraktiv, sodass die Liebe »uneigentlich« wird. Wenn der andere jedoch nicht in irgendeiner Weise ein Objekt ist, kann er auch nicht in Besitz genommen werden. Für Sartre liegt die einzige Antwort in der Erkenntnis und Akzeptanz der Freiheit der anderen Person, da dies die einzige Möglichkeit ist, sie eventuell zu »besitzen«.

NIETZSCHE ÜBER LIEBE UND FRAUEN

Friedrich Wilhelm Nietzsche kam in Röcken, in der Nähe von Leipzig, zur Welt. Sein Vater war ein lutherischer Pfarrer, der plötzlich an einem Hirntumor starb, als Friedrich fünf Jahre alt war, sodass er und seine jüngere Schwester mit ihrer Mutter, Großmutter und zwei unverheirateten Tanten aufwuchsen. Kommentatoren haben oft darüber spekuliert, dass Nietzsches komplizierte und oftmals widersprüchliche Haltung gegenüber Frauen durch die weibliche Dominanz in seiner Erziehung beeinflusst wurde.

In seinem Buch *Menschliches, Allzumenschliches* (1878) stellt Nietzsche seine philosophischen Untersuchungen des menschlichen Lebens und zwischenmenschlicher Beziehungen anhand einer Reihe von Aphorismen dar – kurzen, uneingeschränkten Aussagen und Beobachtungen, ein Stil, der zum Kennzeichen seines Schreibens wurde. *Menschliches, Allzumenschliches* ist eine Sammlung von mehr als 680 Aphorismen, aufgeteilt in neun ungebundene, thematisch ausgerichtete Abschnitte. Die Themen reichen von Metaphysik, Moral und Religion bis zu Freundschaft und Geschlechterstudien. In dem Abschnitt mit dem Titel »Weib und Kind« erklärt er: »Das vollkommene Weib ist ein höherer Typus des Menschen, als der vollkommene Mann: auch etwas viel Selteneres. — Die Naturwissenschaft der Tiere bietet ein Mittel, diesen Satz wahrscheinlich zu machen.« Das ist ein kurioser Gedanke, der feministische Gelehrte verblüfft hat, da Nietzsche offenbar behauptet, dass Frauen dank der Fähigkeit, Kinder zu gebären, eine überlegenere Spezies sind.

Über die Psychologie von Frauen und das Aufziehen von Kindern legt Nietzsche im 387. Aphorismus nahe: »Manche Mutter braucht glückliche geehrte Kinder, manche unglückliche: sonst kann sich ihre Güte als Mutter nicht zeigen.« In diesem Zitat kommt Nietzsches Liebe für Gegensätze und Widersprüche zum Ausdruck. Aus moralischer Perspektive sollte es eigentlich unumstößlich scheinen, dass alle Eltern

Nietzsche: unglücklich verliebt?

Nietzsches Privatleben ist unter modernen Philosophen ein umstrittenes Thema gewesen. Es gibt Theorien, die davon ausgehen, dass Nietzsche sein Leben in einem erbärmlichen Zölibat verbracht habe, während andere ihm eine ungezügelte Bisexualität unterstellen. Nietzsches Absinken in die Geisteskrankheit kurz vor seinem Tod wurde viele Jahre lang als Resultat für eine syphilitische Ansteckung aufgrund regelmäßiger Bordellbesuche in Köln und Genua gedeutet. Moderne Kommentatoren haben diese Theorie größtenteils angezweifelt und es stattdessen vorgezogen, Nietzsches häufige Kämpfe mit der Krankheit eher als Symptome einer manisch depressiven Störung anzuführen. Nichtsdestotrotz war er in Lou Andreas-Salomé vernarrt, die Schriftstellerin, Psychoanalytikerin und Protegé von Sigmund Freud. Er machte ihr zu drei separaten Gelegenheiten einen Heiratsantrag, wurde aber jedes Mal kategorisch abgewiesen.

ihren Kindern das Beste wünschen und sich danach sehnen, stolz auf deren Erfolge und Glück zu sein. Allerdings deckt Nietzsche mit dem hinterhältigen

Gebrauch des Wortes »braucht« hinsichtlich der Mutterschaft den Widerspruch auf. Suchen Frauen tatsächlich Selbstbestätigung durch ihr Kind? Und wenn man ein krankes Kind braucht, um die eigene Güte vorführen zu können, dann kommt dieses Verhalten der psychopathischen Störung gleich, die als Münchhausen-Stellvertretersyndrom bekannt ist, wo sich Eltern verschwören, um ihr Kind krank zu machen, damit es ihre Pflege und Aufmerksamkeit braucht.

Noch mehr Verachtung für scheinbare Angriffe auf den Dünkel der Mutterschaft findet sich in dem Aphorismus, in dem Nietzsche behauptet:

»Mütter sind leicht eifersüchtig auf die Freunde ihrer Söhne, wenn diese besondere Erfolge haben. Gewöhnlich liebt eine Mutter *sich* mehr in ihrem Sohn, als den Sohn selber.« Es wird daher problematisch, wirklich zu erkennen, wie Nietzsche einen schlüssigen Beweis für »das vollkommene Weib« als einen »höheren Typus des Menschen« vorbringen will, sofern er nicht die Verrücktheiten genauer ausführt, die diese Vollkommenheit unmöglich machen und sie als »etwas viel Selteneres« erscheinen lassen.

Zu den Beziehungen zwischen Männern und Frauen bevorzugt Nietzsche offenbar einen pragmatischen Ansatz: »Der beste Freund wird wahrscheinlich die beste Gattin bekommen, weil die gute Ehe auf dem Talent zur Freundschaft beruht.« Für Nietzsche machen Freundschaft und gemeinsame Erlebnisse das Bedürfnis nach körperlicher Anziehung oder romantische Schwärmerei überflüssig. An einem Punkt geht er so weit, zu empfehlen, dass Beziehungen zwischen Männern und Frauen besser funktionieren, wenn körperliche Anziehung zweitrangig oder gleich gar nicht vorhanden ist: »Frauen können recht gut mit einem Manne Freundschaft schließen; aber um diese aufrecht zu erhalten – dazu muss wohl eine kleine physische Antipathie mithelfen.«

Letztlich ist für Nietzsche die Ehe zum Scheitern verurteilt, falls sie das romantische Idyll zur Grundlage hat: »Die Ehen, welche aus Liebe geschlossen werden (die sogenannten Liebesheiraten), haben den Irrtum zum Vater und die Not (das Bedürfnis) zur Mutter.« Dieser Aphorismus veranschaulicht die inneren Widersprüche und Gegensätze in vielen Proklamationen Nietzsches, da die »Not (das Bedürfnis)« im Deutschen sowohl einen Drang oder ein zu erfüllendes Verlangen bedeuten kann, als auch eine schlimme und unglückliche Situation beschreibt. Für einen großen Teil des Werks von Nietzsche gilt, dass eine buchstäbliche Interpretation problematisch ist, und so stellt sich die Frage, ob Nietzsche in dem genannten Beispiel über die Ehe tatsächlich nahelegt, dass Frauen, die vermeintlich aus Liebe heiraten, ein sehnsüchtiges Verlangen befriedigen oder ob sie sich in eine unglückliche Lage begeben.

8

Alles Wissenswerte über die

PHILOSOPHIE
DER ZUKUNFT

Moderne Philosophie im 21. Jahrhundert lässt sich bequem in drei Bereiche einteilen. Der erste Teil ist die akademische Philosophie. Als wissenschaftliche Fachrichtung wird sie häufig beschuldigt, zu selbstbezüglich zu sein. Das ist schade, denn eine Liebe zur Weisheit mitsamt dem Recht, die Welt um uns herum infrage zu stellen, sollte geschätzt werden und erhalten bleiben. Diese zwei Dinge sind das Kernstück der Philosophie.

Zum zweiten Bereich gehören Kommunikationsformen und die Massenmedien, die man im Allgemeinen »die Philosophie der Straße« nennen könnte. Rasche Entwicklungen in der Informationstechnologie haben neue Bereiche erschlossen, sodass sich Informationen schnell über den Globus verbreiten lassen. In einer Welt unverständlicher und oftmals sinnloser Phrasen, die auf Tastendruck augenblicklich mitgeteilt werden, gibt es ein dringendes und fortwährendes Bedürfnis nach sorgfältigem, disziplinierten Denken und einer ihm angemessenen Sprache. Tatsächlich bringen neue Technologien mit ihren Verheißungen und Bedrohungen eine Dringlichkeit in traditionelle Fragestellungen über Freiheit und das Wesen einer guten Gesellschaft – Anliegen der Philosophie seit der Zeit der alten Griechen. Doch der technologische Fortschritt bringt eigene Ängste mit sich und führt zu einer modernen Überwachungsgesellschaft mit Datensammlung, Persönlichkeitsanalyse und allgegenwärtigen öffentlichen Überwachungskameras. Wie wirken sich diese Faktoren auf Vorstellungen von Privatsphäre und Freiheit aus?

Der dritte und wahrscheinlich lebenswichtigste Bereich hat heutzutage mit den Natur- und Sozialwissenschaften (Politik und Wirtschaft) zu tun. Die Erderwärmung stellt gravierende Gefahren für die Zukunft der Menschheit und die Nachhaltigkeit des Planeten dar. Das hat verschiedene Zweige der Ökophilosophie ins Leben gerufen, die dringende Fragen über die weltweite Verteilung der Ressourcen anspricht und sich Gedanken über das Wesen der Gerechtigkeit in einer globalen Gesellschaft macht. Die Wirtschaftswissenschaft und insbesondere die Fähigkeit des freien Marktes, eine Wirtschaft zu erschaffen, die der Mehrheit der Menschen zugutekommt, ist im Licht anhaltender globaler Rezession hinterfragt worden. Einige zeitgenössische Wirtschaftswissenschaftler und Philosophen fragen sich, ob ein System, das zur Bereicherung einiger weniger auf Kosten der Mehrheit beiträgt, ein verstärktes Eingreifen des Staates nötig machen sollte, während andere angetreten sind, um das System zu verteidigen.

PHILOSOPHIE UND
(1) POPULISMUS

Der jüngste Aufstieg des sogenannten »Populismus« wird von manchen als Beispiel für eine Gegenreaktion auf die Globalisierung und den Neoliberalismus betrachtet. Tatsächlich präsentiert er einige interessante philosophische Fragen, da er seine Kraft offenbar aus gefühlsgeladener Wut, Zitaten und Slogans speist, die häufig einer genauen Untersuchung nicht standhalten. Meinungen werden als Tatsachen präsentiert – eine Form des extremen Subjektivismus.

UND (2) MASSENMIGRATION

Bestimmte politische Theoretiker hinterfragen außerdem, ob militärisches Einschreiten zum Umsturz diktatorischer Regime oder, wie sie häufig behaupten, zum Schutz wertvoller Bodenschätze, erwünscht und effektiv sei, da dies offenbar zu kostspieligen militärischen Besetzungen und zu Auswirkungen auf die heimische Wirtschaft und die Lebensqualität führt. Die humanitären Kosten solcher politischen, militärischen und wirtschaftlichen Interventionen haben unmittelbar zu Massenmigrationen geführt – ein beliebtes Thema für viele populistische Politiker, das tiefgreifende moralische und ethische Anliegen der Philosophie anspricht. Desgleichen ist der Aufstieg des militanten Islam und dessen Auswirkungen auf Meinungsfreiheit, Toleranz und andere liberaldemokratische Werte auch eine Quelle der aktuell stattfindenden philosophischen Debatte.

UND (3) DAS GESUNDHEITSWESEN

Ein weiterer Aspekt in der Philosophie der Zukunft könnte mit Angelegenheiten zu tun haben, die das Gesundheitswesen betreffen. Die Lebenserwartung ist in den westlichen Demokratien seit Mitte des vergangenen Jahrhunderts ständig gestiegen. Das wirft Fragen auf, wie man mit einer alternden Bevölkerung umgeht: Wie nachhaltig ist eine aktuelle Versorgung hinsichtlich der Ressourcen und was sind die damit einhergehenden moralischen Pflichten? Wissenschaft und Medizin müssen in der laufenden Gesundheitsdebatte eine Rolle spielen. Andere Dilemmata berühren die Euthanasie, das Recht zu sterben und bioethische Themen, die sich aus wissenschaftlichen Fortschritten in der Genomforschung und anderen medizinischen Entwicklungen ergeben. Die Möglichkeit, durch das »Ernten« von Stammzellen aus geklonten menschlichen Föten, die später zerstört werden, Ersatzorgane zu züchten, ist einerseits von Gruppierungen abgelehnt worden, die die »Unantastbarkeit des Lebens« betonen, und andererseits von anderen verteidigt worden, die den Nutzen für die Medizin und die breitere Öffentlichkeit hervorheben. Die Ära der Bioethik könnte für die philosophische Debatte der Zukunft immer bedeutender werden, da die Fähigkeit fortschreitet, das menschliche Genom erfolgreich zu klonen und zu manipulieren.

UND SCHLUSSENDLICH...

Die Philosophie der Zukunft steht vor vielen Herausforderungen, die von Auswirkungen der Technologie auf Individuen und Gemeinschaften, von ökologischer Erhaltung des Planeten und der Nachhaltigkeit von Ressourcen sowie der Instabilität einer globalisierten Wirtschaft bis zu künftigen Entwicklungen in Wissenschaft und Medizin reichen. Die Philosophie liefert keinen Bezugsrahmen dafür, einfache Antworten und Lösungen für die Probleme zu finden, mit denen die moderne Welt konfrontiert wird, aber was sie tatsächlich bereitstellt, sind die Werkzeuge, mit denen wir denken und unsere eigenen Urteile fällen können. Daraus folgt: Wenn Menschen die Fähigkeit verweigert wird, die Welt zu bewerten und zu interpretieren, wird es wenig Hoffnung geben, sie für das Beste aller Menschen zu verändern. Der Wandel wird bewirkt, wenn neue Konzepte, Theorien und Paradigmen ins Blickfeld geraten und die allgemein anerkannten Ideen und Praktiken der Vergangenheit infrage gestellt werden.

Um in der Moderne maßgeblich zu bleiben und nicht in einer Bibliothek kurioser alter Bücher über Erkenntnis zu verstauben, muss die Philosophie ihren ursprünglichen Platz in der Öffentlichkeit neu beleben. Wie auf dem Marktplatz im Athen der Antike, wo sich die angesagten Philosophen versammelten, um sich zu engagieren, ihrer Skepsis Ausdruck zu verleihen und zu debattieren. Es gibt ein Bedürfnis, die Klarheit des Nachdenkens über die Dinge, die wirklich wichtig sind, ins Spiel zu bringen und sich im Schneesturm der Informationen, der um uns tobt, nicht verwirren zu lassen. Die Philosophie braucht die feste Überzeugung, an den Alltagsproblemen teilzuhaben, aber sie benötigt auch den Dialog. Philosophie kann nicht im Vakuum stattfinden.

ANHANG

PHILOSOPHISCHE BEGRIFFE

Es folgt ein kurzes Wörterbuch philosophischer Fachausdrücke für Leute, die es wirklich eilig haben. Ein Wort der Warnung jedoch vorweg: Wenngleich wir keine Anstrengung gescheut haben, prägnante und genaue Definitionen der wuchernden »Ismen« zu liefern, aus denen das Studium und die Praxis der Philosophie bestehen, ist ein Teil der Terminologie offen für Interpretationen und Diskussionen. Das ist zum Teil bestimmten Ideen und Denkrichtungen geschuldet, die veränderlich waren, sich weiterentwickelten und erst im Lauf der Zeit verbessert wurden. Ein weiterer Grund sind gewisse philosophische Konzepte, die sich naturgemäß einer Definition widersetzten.

In der Philosophiegeschichte haben Denker von ihren Vorgängern Ideen übernommen und diese dann in verschiedene Richtungen weiterentwickelt. Sie wandten sie auf die Welt an, wie sie sich ihnen in ihrer Epoche darbot.

Epikurs Auffassung des Konsequentialismus unterschied sich erheblich von der Jeremy Benthams oder John Stuart Mills, genauso wie die gerade vorherrschenden Kulturen und gesellschaftlichen Normen von denen im antiken Griechenland und im Europa des 19. Jahrhunderts abweichen. Dennoch hoffe ich, dass dieses Wörterbuch zumindest nützliche Hinweise gibt, wo Sie eine detailliertere Diskussion wichtiger Vorstellungen und Ideen finden können.

Atomismus: eine Ansicht über die Struktur des Universums, in dem die Natur aus »Atomen« und einer »Leere« aufgebaut ist. Atome bewegen sich frei durch die Leere. Dabei ziehen sie andere Atome an oder stoßen sie ab. Die sich gegenseitig anziehenden Atome schließen sich zusammen, um eine Ansammlung natürlicher Materie zu bilden. Gruppierungen unterschiedlicher Formen, Arrangements und Punkte bilden die Natur und die Wirklichkeit des Universums.

Wichtigster Vertreter: Demokrit (460–370 v. Chr.); siehe »Die Philosophie des Glücks«

Deismus: ein Glaubenssystem, das sich um die Existenz eines Gottes/Schöpfers dreht, der allgegenwärtig, allmächtig und allgütig ist.

Wichtigste Vertreter: zu zahlreich für eine Auflistung. Die Theologie war der vorherrschende Einfluss auf die akademische Philosophie des Westens; siehe »Die Religionsphilosophie«

Dekonstruktion: eine konzeptionelle Methodik zur Analyse von Texten, die in den 1960er-Jahren erstmals entwickelt wurde. Die Dekonstruktion zielt darauf ab, die inneren Mechanismen aufzudecken, wie Bedeutung in Sprache in unterschiedlichen kulturellen Formen übermittelt und rezipiert wird.

Wichtigste Vertreter: Paul de Man (1919–1983), Jacques Derrida (1930–2004); siehe »Die Sprachphilosophie«

Deontologie (Pflichtenlehre): die philosophische Terminologie, die das »Richtige« und »Falsche« einer Handlung an und für sich analysiert, ungeachtet der historischen oder wahrscheinlichen Folgen.

Wichtigste Vertreter: Immanuel Kant (1724–1804) und praktisch alles, was in den letzten zweihundert Jahren in der Entwicklung der abendländischen Philosophie stattgefunden hat; siehe »Die Philosophie der Ethik und Moral«

Determinismus: die philosophische Theorie, dass alle Ereignisse, einschließlich moralischer Entscheidungen, vollständig durch zuvor existierende Ursachen determiniert sind.

Wichtigste Vertreter: Zenon von Kition (332–262 v. Chr.), der Gründer der antiken griechischen Philosophie der Stoa, sowie seine Anhänger

Emotivismus: ein modernes Konzept, das häufig in der Psychoanalyse benutzt wird und das postuliert, dass die Werturteile in Bezug auf Handlungen, insbesondere ethische Urteile, aus emotionalen Reaktionen hervorgehen und deshalb subjektiv sind und nicht auf Fakten beruhen.

Wichtigste Vertreter: Charles Stevenson (1908–1979), A. J. Ayer (1910–1989)

Empirismus: die Theorie, dass alles Wissen auf sinnlicher Erfahrung beruht. Der Empirismus wurde durch den Aufschwung der experimentellen Wissenschaft angeregt und im Lauf des 17. und 18. Jahrhunderts entwickelt.

Wichtigste Vertreter: John Locke (1632–1704), George Berkeley (1685–1753), David Hume (1711–1776)

Epistemologie (Erkenntnistheorie): das Studium des Wesens und der Möglichkeit von Erkenntnis, wie sich dies in gerechtfertigte Überzeugung umsetzen lässt und in Wirklichkeit gegenüber Konzepten verhält, zu denen Wahrheit, Vertrauen/ Glaube und Bestätigung gehören.

Wichtigster Vertreter: René Descartes (1596–1650)

Existentialismus: philosophische Theorie oder Analyseverfahren des 20. Jahrhunderts, das die Existenz des Einzelnen hervorhebt. Er gilt als freier und verantwortungsbewusster Akteur, der seine eigene Entwicklung durch Willensakte gestaltet.

Wichtigste Vertreter: Søren Kierkegaard (1813–1855), unter Umständen Friedrich Wilhelm Nietzsche (1844–1900), Jean-Paul Sartre (1905–1980), Albert Camus (1913–1960); siehe »Die Philosophie der Liebe«

Idealismus: bestimmte Systeme philosophischen Denkens, in denen die Objekte der Erkenntnis auf bestimmte Weise als abhängig von der Geistesaktivität erachtet werden.

Wichtigste Vertreter: Immanuel Kant (1724–1804), Arthur Schopenhauer (1788–1860), unter Umständen Friedrich Wilhelm Nietzsche (1844–1900)

Konsequentialismus: ein ethisches Paradigma, das sich um die Vorstellung dreht, der moralische Wert einer Handlung sei abhängig von der Konsequenz oder dem Ergebnis der Handlung. Eine moralisch richtige oder fehlerlose Handlung in einer bestimmten Situation führt zu einem guten Ergebnis, während eine moralisch falsche Handlung implizit schlimme Folgen hat.

Wichtigste Vertreter: Epikur (341–270 v. Chr.); Jeremy Bentham (1748–1832), John Stuart Mill (1806–1873)

Konzeptualismus: Der konzeptualistische Philosoph betrachtet die metaphysische Auffassung universeller absoluter Werte aus einem Blickwinkel, der die Gegenwart bestimmter Phänomene ablehnt, deren Wahrnehmung über die Fähigkeiten des menschlichen Geistes hinausgeht. Folglich existieren abstrakte Ideen nur in den Gedanken der Menschen.
Wichtigste Vertreter: Gottfried Wilhelm Leibniz (1646–1716); David Hume (1711–1776)

Logischer Positivismus: eine philosophische Bewegung, die Intellektuelle des Wiener Kreises in den 1920er-Jahren entwickelten. Sie vertraten die Ansicht, dass wissenschaftliche Erkenntnis die einzige Form sachlichen Wissens sei, und dass alle herkömmlichen metaphysischen Lehren als sinnlos abgelehnt werden müssten.
Wichtigste Vertreter: Ludwig Wittgenstein (1889–1931), Karl Popper (1902–1994), A. J. Ayer (1910–1989); siehe »Wissenschaftsphilosophie«

Materialismus: die Theorie oder die Überzeugung, dass außer der Materie, ihrer Bewegungen und Veränderungen nichts anderes existiert.

Wichtigste Vertreter: Thomas Hobbes (1588–1679), Karl Marx (1818–1883), Gilles Deleuze (1925–1995)

Metaphilosophie: eine Untersuchung des Wesens der Philosophie.

Wichtigster Vertreter: Ludwig Wittgenstein (1889–1951)

Metaphysik: Der Zweig der Philosophie, der sich mit der Essenz einer Sache beschäftigt. Das Wort leitet sich aus der griechischen Bedeutung von »jenseits der Natur« ab. Typische Bereiche metaphysischer Forschung betreffen Fragen nach dem Sein, Werden, Dasein und der Wirklichkeit.

Wichtigste Vertreter: Aristoteles definierte Metaphysik als »erste Ursachen und Prinzipien der Dinge« und in diesem Sinn sind alle Philosophen seit Sokrates mehr oder weniger Befürworter der metaphysischen Untersuchung gewesen.

Monismus: die metaphysische und theologische Ansicht, dass alles eins ist, es keine grundlegende Trennung gibt und dass die Natur einheitlichen Gesetzen unterliegt.

Wichtigste Vertreter: (Antike): Heraklit von Ephesos (535–475 v. Chr.), Parmenides aus Ilea (Daten unsicher); (neuzeitlich): Gottfried Wilhelm Leibniz (1646–1716), Georg Wilhelm Hegel (1770–1831), Arthur Schopenhauer (1788–1869)

Naturalismus: die Überzeugung, dass jenseits der Natur nichts existiert sowie die Leugnung übernatürlicher oder spiritueller Erklärungen. Er konzentriert sich auf Erklärungen, die aus Beobachtungen der Naturgesetze abgeleitet werden.

Wichtigste Vertreter: Paul Kurtz (1925–2012), Roy Wood Sellars (1880–1973)

Nominalismus: ein philosophischer Standpunkt in der Metaphysik, der die Existenz universeller und abstrakter Objekte ablehnt, aber die Existenz allgemeiner oder abstrakter Begriffe bestätigt.

Wichtigste Vertreter: Wilhelm von Ockham (1285–1347), Thomas Hobbes (1588–1679)

Ontologie: das Gebiet der Metaphysik (siehe Nominalismus), das die Beschaffenheit des Seins und der ersten Prinzipien untersucht sowie die Essenz der Dinge aufdeckt, die existieren.

Wichtigste Vertreter: Bernard Bolzano (1781–1848), Franz Brentano (1838–1917), Gottlob Frege (1848–1925)

Panentheismus/Pantheismus: der Glaube, dass das Göttliche jeden Teil des Universums durchdringt und sich außerdem jenseits von Raum und Zeit ausbreitet. Gott wird mit dem Universum identifiziert, oder das Universum ist eine Erscheinungsform Gottes, die Gott und Natur eins sein lässt.

Wichtigster Vertreter: Baruch Spinoza (1632–1677)

Perspektivismus: der Standpunkt, dass unser Zugang zur Welt durch Wahrnehmung, Erfahrung und Vernunft nur durch die eigene Perspektive und Interpretation möglich ist. Deshalb gibt es viele konzeptionelle Ansätze oder Perspektiven, mit deren Hilfe man Wahrheits- und Werturteile treffen kann.

Wichtigster Vertreter: Friedrich Wilhelm Nietzsche (1844–1900)

Phänomenalismus: die Ansicht, dass über physikalische Objekte nicht berechtigterweise gesagt werden kann, sie existierten aus sich selbst heraus, sondern lediglich als Wahrnehmungsphänomene oder sensorische Informationen, die sich in Raum und Zeit befinden.

Wichtigster Vertreter: John Stuart Mill (1806–1873)

Postmoderne: eine lockere Bewegung im späten 20. Jahrhundert, die Kunst, Literatur, Architektur und Philosophie umfasst. Ein größtenteils selbstbewusster Ansatz, der verschiedene Genres und Formen vermischt. In der Philosophie bezieht sich die Postmoderne auf den Poststrukturalismus und thematisiert Bereiche wie die Psychoanalyse, Genderstudien, die Analyse von Literatur und Diskurs und die Ideengeschichte.

Wichtigste Vertreter: Roland Barthes (1915–1980), Michel Foucault (1926–1984), Jacques Derrida (1930–2004)

Rationalismus: Die Grundlage der Überzeugung, auf Erkenntnis zu bauen, beruht eher auf Vernunft statt auf Erfahrung, und der Rationalismus bringt die epistemologische Ansicht zur Geltung, die Vernunft als die Hauptquelle der Erkenntnis und als ihre Bewährungsprobe zu betrachten.

Wichtigste Vertreter: Pythagoras (570–495 v. Chr.), Platon (427–447 v. Chr.), Aristoteles (384–322 v. Chr.), René Descartes (1596–1650) und zahlreiche andere.

Realismus: stimmt mit Dingen überein, die bekannt sind und wahrgenommen werden und daher aus ontologischer Sicht vom Begriffsschema des Einzelnen unabhängig sind.

Wichtigste Vertreter: David Hume (1711–1776), Bertrand Russell (1872–1870), G. E. Moore (1873–1958)

Relativismus: die Lehre, dass es keine absoluten Wahrheiten gibt, d. h., Wahrheit ist immer relativ zu einem speziellen Bezugsrahmen wie etwa Sprache, Kultur oder historischer Zusammenhang und ist deshalb nicht absolut.

Wichtigster Vertreter: Paul Feyerabend (1924–1994)

Solipsismus: eine extreme Form von Skeptizismus, die die Möglichkeit einer Erkenntnis außerhalb der eigenen Existenz leugnet.

Wichtigste Vertreter: René Descartes (1596–1650), George Berkely (1685–1753)

Strukturalismus: eine methodologische Theorie des 20. Jahrhunderts in den Geistes- und Sozialwissenschaften, die besagt, dass Elemente menschlicher Kultur über ihre Beziehungen zu einem umfassenderen System oder einer übergreifenden Struktur verstanden werden müssen. Der Strukturalismus zielt darauf ab, die Strukturen aufzudecken, die allen Dingen, die Menschen tun, denken, wahrnehmen und fühlen, zugrunde liegen.

Wichtigste Vertreter: Ferdinand de Saussure (1857–1913), Roman Jacobsen (1896–1982), Claude Levi-Strauss (1908–2009)

Subjektivismus: Wissen ist lediglich subjektiv und ohne äußere oder objektive Wahrheit. In der Ethik ist der Subjektivismus die meta-ethische Überzeugung, dass ethische Aussagen auf sachliche Stellungnahmen über die Einstellungen und/oder Konventionen einzelner Menschen reduziert werden können, oder dass jeder ethische Satz eine Einstellung beinhaltet, die jemand hat.

Wichtigste Vertreter: René Descartes (1596–1650), Søren Kierkegaard (1813–1855)

Teleologie: das Prinzip der finalen Kausalität, das Phänomene anhand von Absicht, Zweck, Ziel oder Funktion erklärt.
Wichtigster Vertreter: Aristoteles (384–322 v. Chr.)

Utilitarismus: eine philosophische Position des 19. Jahrhunderts, die die »Richtigkeit« einer Handlung hinsichtlich ihres »Nutzens« bestimmt und inwieweit die meisten Menschen davon profitieren.
Wichtigste Vertreter: Jeremy Bentham (1748–1832), John Stuart Mill (1806–1873)

AUSGEWÄHLTE LITERATUR

Ayer, A.J., *Die Hauptfragen der Philosophie* (Piper Verlag, München 1976)

Blackburn, Simon, *Think: A Compelling Introduction to Philosophy* (Oxford University Press, Oxford 1999)

Brunold, Georg, *Nichts als der Mensch – Betrachtungen und Spekulationen aus 2500 Jahren* (Galiani Verlag, Berlin 2013)

Craig, Edward, *Was wir wissen können. Pragmatische Untersuchungen zum Wissensbegriff* (Suhrkamp Verlag, Frankfurt 1993)

Critchley, Simon, *The Book of Dead Philosophers* (Granta, London 2009)

Cudworth, Ralph, *The True Intellectual System of the Universe, Vol. I.* (New York: Gould & Newman 1837; erstmals veröffentlicht 1678)

Darwin, Charles und Barlow, Nora (Hg.), *Mein Leben: 1809–1882. Die vollständige Autobiographie* Herausgegeben von seiner Enkelin Nora Barlow. Mit einem Vorwort von Ernst Mayr (Insel Verlag, Frankfurt am Main 2008)

Foucault, Michel, *Überwachen und Strafen, Die Geburt des Gefängnisses* (Suhrkamp Verlag, Frankfurt am Main 1976)

Foucault, Michel, *Sexualität und Wahrheit*, Bände 1-4 (Suhrkamp Verlag, Frankfurt am Main und Berlin 1983, 1986, 1986, 2019)

Gaarder, Jostein, *Sofies Welt* (Hanser, München 1994)

Garner, Richard T. und Rosen, Bernard, *Moral Philosophy: A Systematic Introduction to Normative Ethics and Meta-ethics* (Macmillan, New York 1967)

Grayling, A. C., *The Meaning of Things* (Weidenfeld & Nicholson, London, 2001)

Kagan, Shelly, *The Limits of Morality* (Clarendon Press, Oxford 1989, Fußnote Seite 17)

Becker, Ralph, *Grenzenlose Verantwortung. Freiheit und Schuld bei Dostojewski und Sartre* in »Phänomenologische Forschungen«, S. 5 –21 (Felix Meitner Verlag, Hamburg 2010)

Kohl, Herbert, *The Age of Complexity* (Mentor Books Ltd, New York 1965)

Levene, Lesley, *I Think, Therefore I Am* (Michael O'Mara Books Ltd, London 2010)

Jordan, Stefan und Christian Nimtz (Hg.), *Lexikon Philosophie, Hundert Grundbegriffe* (Reclam Verlag, Leipzig 2017)

Jaspers, Karl, *Die großen Philosophen* (Piper Verlag, München 2012)

Nagel, Thomas, *Was bedeutet das alles?: Eine ganz kurze Einführung in die Philosophie* (Reclam Verlag, Leipzig 2012)

Paley, William, *Natürliche Theologie* (Verlag der J. G. Cotta'sche Buchhandlung, Stuttgart und Tübingen 1837)

Pirie, Madsen, *101 Great Philosophers: Makers of Modern Thought* (Bloomsbury, London 2009)

Rabinow, Paul, *Michel Foucault. Jenseits von Strukturalismus und Hermeneutik* (Athenäum, Frankfurt am Main 1987), Orig. 1983 (hrsg. mit Hubert Dreyfus).

Regenbogen, Arnim & Uwe Meyer (Hg.), *Wörterbuch der philosophischen Begriffe* (Felix Meiner Verlag, Hamburg 2013)

Ross, William David, *Ein Katalog von Prima-facie Pflichten*. In: Dieter Birnbacher, Detlev Hoerster (Hg.): Texte zur Ethik (dtv, München 1976)

Rowe, William L., *The Problem of Evil and Some Varieties of Atheism*. Nachgedruckt in Howard-Snyder, Daniel (Hg.), *The Evidential Argument from Evil* (Indiana University Press, Bloomington, IN 1996)

Russell, Bertrand, *Philosophie des Abendlandes. Ihr Zusammenhang mit der politischen und der sozialen Entwicklung* (Europa Verlag, Zürich 2012)

Sartre, Jean-Paul, *Das Sein und das Nichts* (Rowohlt Verlag, Reinbek 1993)

Sartre, Jean-Paul, *Der Existentialismus ist ein Humanismus: Und andere philosophische Essays 1943-1948* (Rowohlt Verlag, Reinbek 2000)

Singer, Peter, *Leben retten – Wie sich die Armut abschaffen lässt und warum wir es nicht tun* (Arche Verlag, Zürich 2010)

Suits, Bernard, *The Grasshopper: Games, Life and Utopia* (Broadview Press, London 2005)

Kenny, Anthony, *Geschichte der abendländischen Philosophie* (Wissenschaftliche Buchgesellschaft, Darmstadt 2015)

Michael Kühnlein (Hg.), Religionsphilosophie und Religionskritik – Ein Handbuch (Suhrkamp Verlag, Berlin 2018)

Warburton, Nigel, *Philosophy: The Basics* (Routledge, London 2012)

DANK

Ich möchte folgenden Leuten für ihre Hilfe, Unterstützung und ihren Rat beim Zusammenstellen des Materials und beim Schreiben dieses Buches danken: Louise Dixon, meiner Auftragsredakteurin bei Michael O'Mara Books, die mir dieses Projekt vorgeschlagen hat. Ich weiß, Ihr unerschütterliches Vertrauen und Ihre Unterstützung wirklich zu schätzen. Emily Thomas, meiner neuen Redakteurin, für ihre Gewissenhaftigkeit, nahezu grenzenlose Geduld und die unermüdliche Arbeit. Dem Design-, Vertriebs- und Herstellerteam bei MOM. Den Mitarbeitern der Bibliothek und des Informationsdienstes der University of Sussex für die Benutzung ihrer ausgezeichneten Einrichtungen und dafür, dass sie es geduldet haben, wenn ich hin und wieder über meinem Laptop eingenickt bin. Den Herren Steve Trees, Edward »Butch« Dykes und allen anderen »Hobbyphilosophen« für Großzügigkeit, Hilfe, Rat und Zuspruch während des Arbeitsprozesses. Und schließlich meiner Familie, meinen Freunden, meiner Frau Joanna und meiner Tochter Polly für ihre Liebe und Ermutigung und dafür, dass sie meine eigenwilligen Arbeitszeiten und mein Palaver über esoterische Theorien ertragen haben. Mein aufrichtigster Dank gilt euch allen.

REGISTER